T0208945

Master nach Plan

Sebastian Horndasch

Master nach Plan

Erfolgreich ins Masterstudium:
Auswahl – Bewerbung – Auslandsstudium

3., vollständig überarbeitete und aktualisierte Auflage

Mit 4 Abbildungen und 20 Tabellen

 Springer

Sebastian Horndasch
Berlin
Deutschland

Ergänzendes Material zu diesem Buch finden Sie auf http://www.springer.com/978-3-662-50308-9.

ISBN 978-3-662-50308-9   ISBN 978-3-662-50309-6   (eBook)
DOI 10.1007/978-3-662-50309-6

Die Deutsche Nationalbibliothek verzeichnet diese Publikation in der Deutschen Nationalbibliografie;
detaillierte bibliografische Daten sind im Internet über http://dnb.d-nb.de abrufbar.

Umschlaggestaltung: deblik Berlin
Einbandabbildung: © Fotoagentur WESTEND61 / Westend61 / mauritius images

Gedruckt auf säurefreiem und chlorfrei gebleichtem Papier

Springer ist Teil von Springer Nature
Die eingetragene Gesellschaft ist Springer-Verlag GmbH Berlin Heidelberg

Vorwort

Liebe Leserin, lieber Leser,

Sie planen ein Masterstudium, sind sich allerdings nicht sicher, für welche Masterprogramme Sie sich bewerben sollen? Vielleicht haben Sie schon einige Programme ins Auge gefasst, sind sich aber über deren Qualität unsicher? Oder Sie brauchen Rat beim Verfassen einer Bewerbung für Ihren Wunschmasterstudiengang? Dann geht es Ihnen wie den meisten Bachelorabsolventen.

Ich war in derselben Lage wie Sie. Ich gehörte damals zur ersten Generation von Bachelorstudierenden und es gab weder Ratschläge älterer Kommilitonen noch nützliche Informationen in Ratgebern oder im Netz. Auch Informationen fürs Masterstudium im Ausland waren nur schwer zu erhalten. Natürlich kämpften wir uns damals alle auch so durch. Aber aus dem Dilemma fehlender Informationen entstand die Idee zu diesem Buch – des ersten strategischen Studienführers für Masterprogramme. Ich wollte es nachfolgenden Generationen ein wenig leichter machen, sich erfolgreich um ein Masterstudium zu bemühen und zu bewerben.

Dieses Buch soll Ihnen dabei helfen, ein Masterprogramm zu finden – und dort auch einen Studienplatz zu erhalten. Es ist eine Anleitung zur richtigen Suche und passgenauen Bewerbung für Ihr Masterstudium. Im Vordergrund stehen dabei Sie – und damit Ihre Ziele und Ihre Bewerbungsstrategie.

Vor der Bewerbung steht die Auswahl des richtigen Masterprogramms. Dabei spielen viele Faktoren eine Rolle – berufliche Erwägungen, die inhaltliche Ausrichtung oder das Renommee der Hochschule, um nur einige zu nennen. Ich zeige Ihnen, worauf Sie achten sollten. Sie lernen, worauf es in einer erfolgreichen Bewerbung ankommt und wie Sie mit der richtigen Strategie eine passgenaue Bewerbung für Ihre Zielhochschule anfertigen.

Für immer mehr Bachelorabsolventen wird ein Masterstudium im Ausland zu einer attraktiven Alternative. Großbritannien und die USA, aber auch die Niederlande, Frankreich und Schweden und viele weitere Länder verfügen über eine Reihe hervorragender Institutionen. Wie das Hochschulsystem dort funktioniert, lernen Sie in diesem Buch.

Ich hoffe, dass Ihnen dieses Buch hilft und Lust auf Ihr Masterstudium macht. Ich wünsche Ihnen viel Erfolg mit Ihrer Bewerbung und Freude im nächsten Studienabschnitt. Mit dem Übergang zum Master eröffnen sich Ihnen endlose Möglichkeiten – nutzen Sie sie!

Ihr Sebastian Horndasch

Inhaltsverzeichnis

1	**Einleitung**	1
1.1	Ziel des Buches	3
1.2	Effektives Arbeiten mit dem Ratgeber	3
1.3	Bedeutung einer individuellen Bewerbungsstrategie	6
2	**Masterstudiengänge – Eine Einführung**	7
2.1	Der Master – Ein Kind Europas	8
2.1.1	ECTS – Die Struktur hinter Bologna	9
2.2	**Masterarten – Die Qual der Auswahl**	11
2.2.1	Der Standard: Der konsekutive Master	11
2.2.2	Weiterbildende Master	14
2.2.3	Master of Business Administration	15
2.3	**Aufbau und Struktur von Masterstudiengängen**	17
2.4	**Akkreditierung**	17
3	**Ausland**	21
3.1	Binationale Studiengänge	23
3.2	Erasmus	23
3.3	Großbritannien	24
3.4	Frankreich	25
3.5	Niederlande	27
3.6	Schweiz	28
3.7	Österreich	29
3.8	Schweden	29
3.9	USA	30
3.10	Kanada	32
3.11	Australien	33
3.12	China	34
3.13	Promotionsrecht bei ausländischem Masterabschluss	35
4	**Auswahl des passenden Masterstudiengangs**	37
4.1	Der richtige Zeitpunkt für den Master	38
4.1.1	Lohnt sich der Master für die Karriere?	38
4.1.2	Master direkt nach dem Bachelor	39
4.1.3	Master nach einem Jahr Pause	40
4.1.4	Nach einigen Jahren Arbeit	41
4.2	Selbstreflexion: Was möchten Sie studieren?	42
4.2.1	Methoden der persönlichen Zielfindung	42
4.2.2	Festlegung Ihrer Präferenzen	46
4.2.3	Recherchemöglichkeiten	49
4.3	Die passende Ausrichtung der Hochschule und Fakultät	54
4.3.1	Universität oder Fachhochschule?	55
4.3.2	Privathochschulen	56
4.3.3	Hochschulrankings	58

4.4   Qualitätsanalyse: Ihr Studiengang auf dem Prüfstand 61
4.4.1   Informationsasymmetrie: Warum es als Außenstehender so schwer ist,
        ein Programm zu beurteilen 61
4.4.2   Der Inhalt 62
4.4.3   Ihre Kommilitonen 65
4.4.4   Der Ort 67
4.4.5   Werbeunterlagen des Studienganges lesen und interpretieren 68
4.4.6   Informationen festhalten: Zusicherung von Verbindlichkeit 68
4.4.7   Sonstige Merkmale 70
4.5   Berufliche Chancen: Die passende inhaltliche Ausrichtung des Studiums 72

5   Entwicklung einer Bewerbungsstrategie 75
5.1   Bewerbungsprozess 79
5.1.1   Formalien 79
5.1.2   Inhaltliche Auswahlkriterien 81
5.2   Bewerbermappe – Anschreiben und Anlagen 83
5.2.1   Anschreiben 84
5.2.2   Leistungsnachweise: Noten, Abiturzeugnis, Sprachzertifikate 86
5.2.3   Exkurs: Nachreichungen und Ergänzungen zur Bewerbermappe 88
5.3   Motivationsschreiben 89
5.3.1   Grundstruktur 91
5.3.2   Einstieg 92
5.3.3   Hauptteil 94
5.3.4   Schluss 97
5.3.5   Exkurs: Die 10 häufigsten Fehler im Motivationsschreiben 97
5.4   Lebenslauf 101
5.4.1   Grundsätzliches zum Lebenslauf 102
5.4.2   Aufbau 104
5.4.3   Ein paar weitere Tipps 106
5.5   Professorengutachten als zentrales Element Ihrer Bewerbung 108
5.5.1   Erforderlicher Inhalt 109
5.5.2   Aktiv den Inhalt des Gutachtens mitbestimmen 112
5.5.3   Vertrauliche Inhalte der Gutachten in Erfahrung bringen 113
5.6   Persönliches Auswahlgespräch 114
5.6.1   Setting 114
5.6.2   Mögliche Themen 115
5.6.3   Vorbereitungsstrategie 118
5.7   Flankierende Maßnahmen 122
5.7.1   Umgang mit der Verwaltung einer öffentlichen Hochschule 122
5.7.2   Erfolgreiches Netzwerken zur aktiven Förderung der Bewerbung 126
5.7.3   Strategien für Erstkontakt und Ansprache 130
5.8   Fazit 132

6   Schlusswort 135

        Serviceteil 139
        Stichwortverzeichnis 140

Einleitung

1.1   Ziel des Buches – 3

1.2   Effektives Arbeiten mit dem Ratgeber – 3

1.3   Bedeutung einer individuellen Bewerbungsstrategie – 6

© Springer-Verlag Berlin Heidelberg 2017
S. Horndasch, *Master nach Plan*,
DOI 10.1007/978-3-662-50309-6_1

Liebe Leser,

Respekt! Sie stehen kurz vor der Vollendung Ihres ersten Hochschulabschlusses oder sind bereits fertig. Nun suchen Sie nach dem richtigen Masterprogramm und haben dafür dieses Buch gekauft. Dies alles spricht dafür, dass Sie bisher vieles richtig gemacht haben. Es ist daher Zeit, kurz durchzuatmen und sich auf die Schulter zu klopfen. Denn Sie sind auf dem besten Weg!

Sie haben also Ihren Bachelor oder stehen kurz davor. Nun **steht Ihnen die Welt offen**, denn Sie können Ihr Studium praktisch überall fortsetzen. Sie können sich spezialisieren und oder in die Breite gehen. Sie können einen praxisorientierten Master belegen oder wissenschaftlich weiterstudieren. Oder Sie legen erst einmal eine Pause ein und verbringen ein Jahr mit Praktika und Reisen.

Viel Auswahl – aber damit auch viel Qual. Sie müssen Zeit für die Wahl des richtigen Programms und für die Bewerbung aufwenden. Doch das ist leichter, als Sie vielleicht vermuten – wenn Sie die richtige Strategie verfolgen und das notwendige Hintergrundwissen haben. Dafür haben wir dieses Buch geschrieben.

Ich gehörte als Student der Universität Erfurt zu den ersten Bachelorstudenten Deutschlands. Vieles war damals neu für mich, allerdings lernte ich schnell die Vorteile der neuen Studienstrukturen kennen. Bachelor- und Masterstudiengängen wird oft vorgeworfen, sie erzögen die Studenten durch Verschulung zu mangelnder Selbstständigkeit und zu reinen Konsumenten von Wissenschaft. Meine – und ich hoffe auch Ihre – Erfahrungen waren grundlegend anders. Besonders profitiert habe ich von der **internationalen Vergleichbarkeit** der Abschlüsse: Mein Master in England ist heute eine selbstverständliche Möglichkeit, früher dagegen wäre er kaum denkbar gewesen.

Dieses Buch wird Ihnen **zahlreiche Ratschläge** geben. Einige werden mehr, andere weniger relevant für Sie sein. Neben diesen Hinweisen möchte ich Ihnen jedoch auch zwei Bitten mit auf Ihren Weg geben.

Erstens: **Studieren Sie das, was Ihnen liegt und Freude bereitet**. Nichts ändert sich so schnell wie die Nachfrage des Arbeitsmarktes. Ihre Fähigkeiten, Wünsche und Träume bleiben jedoch gleich. Es wäre daher falsch, bei der Studienwahl ausschließlich einem Trend des Arbeitsmarktes zu folgen. Studieren Sie das, worauf Sie Lust haben. Aber studieren Sie es richtig.

Und zweitens: **Fangen Sie früh an**, ein geeignetes Masterprogramm zu suchen. Schieben Sie Entscheidungen nicht unnötig auf – auch wenn am Anfang zunächst immer das Gefühl von Unsicherheit steht. Denn Entscheidungen müssen getroffen werden. Besser früher als später.

Dieses Buch **widme** ich zwei Personen: Einerseits Nicolaus Heinen, mit dem ich gemeinsam die erste Auflage des Buches geschrieben habe. Für seine Freundschaft und die großartige Zusammenarbeit damals bin ich ihm zu großem Dank verpflichtet. Und andererseits Sonja Heitmann, meiner Partnerin, die mich trotz all meiner Abende am Schreibtisch liebt und unterstützt.

1.1   Ziel des Buches

Dieses Buch soll Ihnen helfen, das richtige Masterstudium zu finden und sich erfolgreich zu bewerben.

Ich verfolge dabei den Ansatz, Ihnen klar zu sagen, wie das **System Hochschulbewerbung** funktioniert. Denn wenn Sie genau wissen, wie Bewerbungsverfahren und Hochschulverwaltungen funktionieren, werden Sie auch erfolgreich sein. Suche und Bewerbung für Ihr Masterstudium werden Sie zwar vor Herausforderungen stellen, doch dieses Buch gibt Ihnen das Handwerkszeug, um sie zu meistern.

Das Buch verbindet Elemente eines klassischen Bewerbungsratgebers mit einer ausführlichen Beschreibung des Systems Hochschulbewerbung. Sie werden in diesem Buch daher nicht nur lernen, wie Sie **Motivationsschreiben** und Lebenslauf gestalten, sondern auch, wie **Auswahlgremien** und Verwaltungen funktionieren und wie Sie die Fürsprache einflussreicher Professoren für sich gewinnen können.

1.2   Effektives Arbeiten mit dem Ratgeber

Der **Aufbau des Buches** orientiert sich an den einzelnen Schritten vor Ihrem Masterstudium: Zunächst müssen Sie wissen, welcher Typ Masterstudium für Sie infrage kommt, und daraufhin einen geeigneten Masterstudiengang finden. Hierbei helfen Ihnen ▸ Kap. 2 „Masterstudiengänge – Eine Einführung" und ▸ Kap. 4 „Auswahl des passenden Masterstudiengangs". Im nächsten Schritt müssen Sie eine überzeugende Bewerbung bei den Hochschulen Ihrer Wahl einreichen. Sie sollten auch dafür sorgen, dass Ihre Bewerbung von den Hochschulen angenommen wird und bei den richtigen Entscheidungsträgern ankommt. Wie das geht, zeige ich Ihnen in ▸ Kap. 5 „Entwicklung einer Bewerbungsstrategie".

Selbstverständlich müssen Sie nicht das ganze Buch lesen. Ich biete Ihnen **sechs Hilfen** an, mit denen Sie schnell auf für Sie relevante Inhalte zugreifen können.

1. Das hier vorgestellte **Fortschrittsdiagramm**, gibt Ihnen eine Orientierung, welche Teile des Buches Sie in welcher Phase Ihrer Bewerbung lesen sollten.
2. Zu vielen angesprochenen Themen finden Sie **Internetadressen**, die Ihnen weiterführende Informationen anbieten. Sie bieten eine sinnvolle inhaltliche Ergänzung zu den komprimierten Fakten des Buches.
3. Am Ende eines jeden Unterkapitels gibt es inhaltliche **Zusammenfassungen**. Darüber hinaus unterstütze ich Sie durch zahlreiche Merklisten und Praxistipps mit relevanten Informationen zum jeweiligen Themenbereich.

Die Praxistipps sind mit dem nebenstehenden Symbol gekennzeichnet.

4. Mitten im Text gibt es **Schnellfinder** ▸ Abschn. XY zu relevanten Begriffen und Themen: Dort finden Sie dann in Klammern einen Hinweis auf den Abschnitt, der Ihnen noch genauere Informationen zum angeschnittenen Thema bietet.
5. Ich habe in jedem Absatz das zentrale Wort beziehungsweise den wichtigsten Satzteil **fett** markiert. Dadurch können Sie sich schnell zurechtfinden und sehen auf den ersten Blick, was für Sie wichtig ist – und was nicht.
6. Der **Schlagwortindex** am Ende des Buches ermöglicht es Ihnen zudem, einzelne Themen gezielt nachzuschlagen.

Bei der Erstellung des **Fortschrittsdiagramms** (◻ Tab. 1.1) habe ich mit Absicht eine Zeitspanne gewählt, die Ihnen Zeit lässt, sich sehr gründlich mit Ihrer Bewerbung zu beschäftigen. Natürlich ist es möglich, sich erst eineinhalb Monate vor Abschluss der Bewerbungsfrist des gewünschten Masterprogramms mit dem Thema auseinanderzusetzen und dann schnell eine Bewerbung zu erstellen. Auch in diesem Fall hilft Ihnen dieses Buch. Wenn Sie gerade in dieser Situation sind, sollten Sie den Kopf nicht hängen lassen, sondern sich einfach besonders anstrengen. Denn noch ist nichts verloren und mit unseren Ratschlägen haben Sie noch immer beste Chancen, in Ihrem gewünschten Programm aufgenommen zu werden.

Unter ▸ http://www.springer.com/book/9783662503089 finden Sie **Musterdokumente**: Sie helfen Ihnen, ein überzeugendes Motivationsschreiben und Gutachten zu erstellen – auf Deutsch und Englisch. Darüber hinaus finden Sie je ein Musterdokument für ein überzeugendes Anschreiben und einen guten Lebenslauf.

🛈 Bitte schreiben Sie nicht direkt aus den Musterdokumenten ab! Die Motivationsschreiben zirkulieren unter Studierenden. Das Risiko ist zu groß, dass Sie identische Formulierungen haben werden wie einige Ihrer Mitbewerber.

In unserem Buch vermittele ich Ihnen viele **Zahlen und Fakten**. Ich habe jede Information eingehend überprüft. Der Markt der Masterstudiengänge ist allerdings stark in Bewegung und die Rahmenbedingungen können sich im Laufe der Zeit ändern. Für etwaige Fehler und gesetzliche Änderungen, die nach Drucklegung zustande gekommen sind, übernehmen wir keine Haftung. Stand der Informationen in diesem Ratgeber ist Juli 2015.

Wenn Sie Irrtümer entdeckt oder andere Hinweise für mich haben, so freue ich mich über eine E-Mail von Ihnen: sebastian@horndasch. net.

◻ Tab. 1.1 Fortschrittsdiagramm	
Zeit bis zur Abgabe Ihrer Bewerbung	**Erledigungen**
–9 Monate	Seien Sie sich im Klaren, ob und wann Sie einen Master machen möchten (▶ Abschn. 4.1).
	Kaufen Sie dieses Buch!
–8 Monate	Denken Sie über ein Studium im Ausland nach und informieren Sie sich über Möglichkeiten (▶ Kap. 3).
	Besuchen Sie Hochschulmessen (▶ Abschn. 4.2.3).
–7 Monate	Legen Sie eine Liste mit Ihren Präferenzen an (▶ Abschn. 4.2.2). Setzen Sie sich dafür ein festes Zieldatum.
–6 Monate	Sammeln Sie Informationen zu möglichen Programmen und Hochschulen (▶ Abschn. 4.2.3). Schauen Sie sich Rankings an (▶ Abschn. 4.3.3).
	Informieren Sie sich über notwendige Tests wie den TOEFL oder den GMAT (▶ Abschn. 5.2.2). Melden Sie sich an!
–5 Monate	Bei Bewerbung im Ausland: Kümmern Sie sich um Reisestipendien, hier laufen die Fristen früh ab.
	Besuchen Sie die Hochschulen, die in Ihrer engeren Wahl sind (▶ Abschn. 4.2.3).
–4 Monate	Überprüfen Sie die Qualität der Hochschule und des Studiengangs (▶ Abschn. 4.4).
	Informieren Sie sich über mögliche Ansprechpartner an der Zielhochschule (▶ Abschn. 5.7.2). Sprechen Sie sie an (▶ Abschn. 5.7.3).
–3 Monate	Entscheiden Sie sich, für welche Masterprogramme Sie sich genau bewerben wollen.
	Bitten Sie mehrere Professoren, für Sie ein Gutachten anzufertigen. Versuchen Sie, auf die Gestaltung Einfluss zu nehmen (▶ Abschn. 5.5).
–2 Monate	Machen Sie sich Gedanken über Ihre Finanzierungsoptionen.
	Erstellen Sie eine Checkliste, welche Unterlagen Sie einreichen müssen.
–1 Monat	Schreiben Sie Ihre Bewerbung und Ihren Lebenslauf (▶ Abschn. 5.3 und ▶ Abschn. 5.4).
	Füllen Sie ggf. Ihren Antrag auf Auslands-BAföG aus.
Abgabe der Bewerbung	Haben Sie alles beisammen? Dann schicken Sie die Bewerbungen ab und entspannen Sie sich für ein paar Tage.
Nach Abgabe der Bewerbung	Spätestens jetzt sollten Sie sich ernsthaft um die Finanzierung Ihres Studiums kümmern.

1

1.3   Bedeutung einer individuellen Bewerbungsstrategie

In diesem Buch biete ich Ihnen **kein allumfassendes Erfolgsschema**. Gerne hätte ich Ihnen die Horndasch-Strategie für eine optimale Masterbewerbung präsentiert. Doch so einfach ist das leider nicht: Jeder Lebenslauf ist anders, jeder Studierende hat andere Begabungen und Stärken. Und das ist gut so.

Ihre **Bewerbungsstrategie** sollte bereits bei der Auswahl der Hochschule anfangen: Achten Sie darauf, dass der gewünschte Masterstudiengang auf Ihr Profil passt und Ihre bisherigen Qualifikationen sinnvoll erweitert. Im eigentlichen Bewerbungsprozess müssen Sie nicht nur die formellen und inhaltlichen Anforderungen erfüllen, sondern ebenfalls dafür sorgen, dass Ihre Bewerbung an der Zielhochschule auch gelesen wird – und das von den richtigen Personen. Sie müssen der Zielhochschule zeigen, dass Sie gut sind.

Um die Chancen zu nutzen, die Ihnen ein guter Masterstudiengang bietet, ist es wichtig, dass Sie verstehen, **wie das System Hochschule funktioniert**. Dann wird Ihre Bewerbung um einen Studienplatz in einem Masterprogramm erfolgreich sein. Dies ist Ihr Wettbewerbsvorteil: Denn fast alle Bewerber auf ein Masterprogramm wissen wenig über das System. Sie jedoch haben mit diesem Buch eine Anleitung, bei wichtigen Stellen Ihrer Masterbewerbung entscheidend zu punkten. Und darin liegt eine große Chance.

Masterstudiengänge – Eine Einführung

2.1   Der Master – Ein Kind Europas – 8

2.2   Masterarten – Die Qual der Auswahl – 11

2.3   Aufbau und Struktur von Masterstudiengängen – 17

2.4   Akkreditierung – 17

© Springer-Verlag Berlin Heidelberg 2017
S. Horndasch, *Master nach Plan*,
DOI 10.1007/978-3-662-50309-6_2

2

Die Umstellung auf Bachelor und Master ist der größte Umbruch, den das europäische Hochschulsystem jemals erlebt hat. Dies gilt auch für Deutschland: Seit der Einführung der modernen Universität Humboldt'scher Prägung hat es keinen so umfassenden Wandel in so kurzer Zeit gegeben. Bedenken Sie, dass zwischen Beschluss und weitgehender Umsetzung nur 12 Jahre vergangen sind – eine minimal kurze Zeitperiode angesichts der Komplexität und der Größe des Systems.

Ihnen bietet das enorme Chancen, Ihr Studium aktiv zu gestalten. Mit einem Masterabschluss können Sie einen individuellen Bildungsweg einschlagen, sich fernab der früheren Standardisierung Wissen aneignen und sich ein individuelles Profil für den Arbeitsmarkt verschaffen. Wichtig dafür ist jedoch, dass Sie die Möglichkeiten des sog. **Bologna-Prozesses** kennen und wissen, welche Möglichkeiten Ihnen ein Masterstudium bieten kann. Daher gebe ich Ihnen zunächst eine Einführung zum Bologna-Prozess, zu den verschiedenen Arten der Masterstudiengänge, ihrer Akkreditierung und der Unterschiede zwischen Masterstudiengängen in Deutschland und im Ausland.

2.1   Der Master – Ein Kind Europas

Den Grad des **Bachelor** gab es im deutschen Sprachgebiet bereits seit dem Mittelalter. Bakkalaureus genannt, wurde er 1820 abgeschafft und durch den Magister ersetzt.

Während der Bakkalaureus ein Deutscher war, sind die heutigen Abschlüsse Bachelor und Master waschechte Europäer. In den 2000ern wurden mit wenigen Ausnahmen alle Studiengänge umgestellt – und das europaweit. Die Umstellung auf die neuen Abschlüsse erfolgt im Rahmen des Bologna-Prozesses. Seinen Namen hat er von der **Università di Bologna**, die im 11. Jahrhundert gegründet wurde und damit eine der ältesten Universitäten Europas ist. Im Hintergrund stand dabei die Feststellung, dass die europäischen Hochschulsysteme untereinander inkompatibel waren. Außerdem erkannten europäische Staaten die Abschlüsse der jeweils anderen häufig nicht an – ein großes Problem, wenn man in einem anderen Land arbeiten möchte.

1999 unterzeichneten 29 europäische Bildungsminister die **Erklärung von Bologna**. Mittlerweile haben sich 47 Länder angeschlossen. Dazu zählen alle EU-Staaten, aber auch viele weitere Länder wie Albanien, die Ukraine, Russland und der Vatikanstaat.

> ℹ️ Alle Mitgliedstaaten der EU haben sich für eine Umsetzung des Prozesses entschlossen. Der Bologna-Prozess betrifft aber nicht nur diese Länder, sondern auch die meisten anderen europäische Staaten.

Die wichtigsten Ziele von Bologna
- Schaffung eines Systems vergleichbarer Abschlüsse mit Bachelor- und Masterstudiengängen nach angelsächsischem Vorbild, die kombiniert 5 Jahre dauern
- Schaffung eines einheitlichen europäischen Leistungspunktesystems (ECTS), das die alten Seminarscheine ablöst
- Einführung von Doppelabschlüssen und Anerkennung von Studienleistungen zwischen den europäischen Hochschulen
- Erarbeitung gemeinsamer Kriterien für die Qualitätssicherung der Studienreform, also der Akkreditierung
- Einführung von Notenauszügen („Diploma Supplements") als Element des Abschlusszeugnisses. Diese Auszüge müssen Informationen über die genauen Inhalte des Studiums enthalten
- Vereinheitlichung des Promotionsstudiums
- Förderung des lebenslangen Lernens
- Verbesserte Lehre und Betreuung
- Abbau sozialer Hemmnisse beim Bildungszugang

Das Ziel des Prozesses war nichts Geringeres als „die Schaffung des europäischen Hochschulraums". Doch auch wenn Bologna einen riesigen Umbruch bedeutet, sollte man sich nicht von großen Worten beeindrucken lassen. Tatsächlich wird durch Bologna mitnichten ein europäischer **Hochschulraum** geschaffen – es geht, wenn überhaupt, um einen europäischen **Studienraum**, denn die Struktur der Hochschulen bleibt weitgehend unangetastet.

Die Reform ist inzwischen überall umgesetzt – aber nicht zur Gänze, denn es handelt sich um einen freiwilligen Vertrag. Die Einzelstaaten können selbst entscheiden, welche Elemente sie übernehmen. Großbritannien (▶ Abschn. 3.3) z. B. hatte bereits vor Bologna Bachelor und Master. Der Bachelor dauert dort 3 Jahre, der Master 1 Jahr. Laut Bologna müssen es aber zusammen 5 Jahre sein. Die Briten ignorieren diese Regel. Ähnlich sieht es in einigen anderen Staaten aus. Ihnen wird nicht entgangen sein, dass die Einführung von Bachelor und Master viel kritisiert wurde. Auf diese **Kritik an Bologna** soll das Buch nicht im Detail eingehen.

2.1.1 ECTS – Die Struktur hinter Bologna

In Deutschland wie im Rest Europas sind die Studiengänge ähnlich gestaltet. Die Basis dafür ist das **ECTS-Leistungspunktesystem** („European Credit Transfer System"), das Sie aus Ihrem Bachelor kennen. Das ECTS-System besagt, dass europaweit in jedem Land hinter jedem

◘ Tab. 2.1 Notenschlüssel	
ECTS-Note	**Leistungsgruppe**
A	10%
B	25%
C	30%
D	25%
E	10%
FX	Knapp nicht bestanden
F	Nicht bestanden

Leistungspunkt ein Arbeitseinsatz von 25–30 Stunden stehen muss. In Deutschland sind es einheitlich 30 Stunden.

Mit dem Leistungspunkten wurde auch das gemeinsame **ECTS-Notensystem** eingeführt: Die Noten A bis E für bestandene Kurse sowie FX und F für nicht bestandene (◘ Tab. 2.1). Diese Noten bewerten nicht die absolute, sondern die relative Leistung. Das heißt, dass die besten 10% die Note A bekommen, die darauf folgenden 25% die Note B, die dann folgenden 30% die Note C und so weiter. Das ECTS-Notensystem läuft immer im Hintergrund mit. Auch Sie haben sowohl Noten nach dem nationalen System als auch ECTS-Noten. Erkunden Sie sich mal bei Ihrem Prüfungsamt!

Einheitliches Notensystem, einheitliche Arbeitsbelastung: Mit dem ECTS-System sind alle an europäischen Hochschulen erbrachten Leistungen miteinander vergleichbar. So können Sie Ihre im Auslandssemester in Paris erworbenen Punkte einfach zu Hause anrechnen lassen. Theoretisch. Praktisch funktioniert das leider nicht immer.

Bachelor und Master müssen **zusammen 300 Leistungspunkte** ergeben, dabei wird mit 30 Punkten pro Semester gerechnet. In der Regel teilen sich die Leistungspunkte so auf, dass für den Bachelor 180 nötig sind und für den Master 120 – also 3 Jahre Bachelor und 2 Jahre Master. Genauso möglich sind aber auch 210 oder 240 Punkte für den Bachelor und analog 90 oder 60 Punkte für den Master. Die Entscheidung liegt bei der Hochschule.

ℹ️ Juristisch und für den Arbeitsmarkt macht es keinerlei Unterschied, in welchem Abschnitt man seine ECTS-Punkte erbracht hat, so lange es am Ende 300 sind.

► Hochschulrektorenkonferenz (HRK): www.hrk.de
► Infos zum Bologna-Prozess: http://www.ehea.info/

In der Praxis sind fast alle Universitätsmaster in Deutschland auf 2 Jahre ausgelegt, an Fachhochschulen finden sich dagegen alle Varianten. Falls Sie eine Promotion planen, sind für diese nach den neuen Regeln 3–4 Jahre vorgesehen (◘ Abb. 2.1).

Master nach Plan
- Der Bologna-Prozess umfasst 47 Staaten.
- Es wird ein weitgehend einheitlicher europäischer Studienraum geschaffen.
- Mit dem ECTS-System gibt es ein europaweit einheitliches System der Leistungsbewertung.
- Bachelor und Master sollen zusammen 5 Jahre dauern

1. Stufe:
Bachelor –
3 bis 4 Jahre

2. Stufe:
Master –
1 bis 2 Jahre

3. Stufe:
Promotion –
3 bis 4 Jahre

▣ **Abb. 2.1**   Studium: zeitlicher Ablauf

2.2 Masterarten – Die Qual der Auswahl

Bachelor oder Bakkalaureus? Master of Science, Master of Arts, Master of Business Administration? Die Anzahl an möglichen Titeln ist deutlich angestiegen. Doch zumindest in Deutschland ist die Einordnung relativ einfach. Es gibt grundsätzlich exakt **zwei verschiedene Masterarten**: konsekutive und weiterbildende (▣ Tab. 2.2).

ℹ️ Der Bachelor wird an einigen Hochschulen als **Bakkalaureus** bezeichnet und der Master analog als Magister. Dieser Magister hat allerdings nichts mit dem gleichnamigen traditionellen Studienabschluss zu tun. Es gibt keine Unterschiede zwischen der englischen und der lateinischen Version, ein Bachelor of Arts und ein Bakkalaureus Artium sind rechtlich vollkommen identisch.

Vor der Wahl des Masterprogramms sollten Sie sich über Ihre **Ziele nach dem Masterstudium** im Klaren sein. Die beruflichen Perspektiven unterscheiden sich drastisch nach Art der Hochschule und der Programme. Auch der fachliche Schwerpunkt Ihres Masterprogramms ist wichtig. In ► Kap. 4 beschäftigt sich das Buch detailliert mit diesem Thema.

Früher wurde bei Mastern zusätzlich zwischen **anwendungs- und forschungsorientierten Programmen** unterschieden. Diese Unterscheidung ist allerdings nicht mehr üblich. Dies liegt daran, dass es sich in der Hochschulpraxis als schwierig herausgestellt hatte, eine genaue Trennlinie zwischen den beiden zu definieren.

2.2.1 Der Standard: Der konsekutive Master

Konsekutive Masterstudiengänge schließen direkt an ein Bachelorstudium an und setzen keine Berufserfahrung voraus. Ein gemeinsames Kennzeichen ist die **Wissenschaftlichkeit**. „Wissenschaftlichkeit" bezieht sich dabei auf den Grundansatz des Studiums. Konsekutive Master können je nach Ausrichtung natürlich auch umfangreiche Praxisanteile enthalten. Zugangsvoraussetzung ist im Regelfall ein vorheriges Studium in einem fachlich ähnlichen Bachelorprogramm. Eine Promotionsberechtigung im entsprechenden

◻ **Tab. 2.2** Masterarten

	Kurzbeschreibung	Beispiele	Häufigkeit	Studiengebühren
Konsekutiver Master	Eher wissenschaftlich, breites Studienangebot, schließt direkt an den Bachelor an	Master of Arts, Master of Science, Master of Engineering, Master of Laws	Ca. 90% des Masterangebots	Staatlich: Nein Privat: Ja
Weiterbildender Master	Sehr praxisorientiert, Berufserfahrung ist Voraussetzung, häufig mit Managementfokus	Master of Business Administration (MBA), Executive MBA, Master of Public Policy	Ca. 10% des Masterangebots	Staatlich: Ja Privat: Ja

Fach haben Sie sowohl bei einem Universitäts- als auch bei einem Fachhochschulabschluss.

Der **konsekutive Master ist der „Normalfall"** in Deutschland. Knapp 90% der angebotenen Programme sind konsekutiv. In diesem Buch beziehe ich mich daher schwerpunktmäßig auf den konsekutiven Master. In ◻ Tab. 2.3 sehen Sie, welche Abschlüsse Sie bei konsekutiven Mastern erlangen können.

Staatliche Hochschulen dürfen für konsekutive Masterprogramme **keine Studiengebühren** nehmen – es sei denn, einzelne Bundesländer führen wieder allgemeine Gebühren ein. Private Hochschulen sind dagegen komplett frei in der Höhe der Gebühren, die sie verlangen.

In Deutschland ist das System der verschiedenen Abschlüsse relativ übersichtlich, da es im konsekutiven System nur sechs geschützte Bachelor- und Mastertitel gibt (◻ Tab. 2.3). Trotzdem existieren Überschneidungen: Wirtschaftswissenschaftler können neben dem MA auch einen MSc erhalten. Ähnliches gilt für Ingenieure, sie können einen MSc oder einen MEng studieren.

ⓘ Praktisch bestehen zwischen den Abschlussarten kaum Unterschiede. Für Fächer, in denen es nur eine Abschlussvariante gibt, sind die Unterschiede natürlich sowieso irrelevant. Machen Sie daher Ihre Entscheidung für oder gegen ein Programm nicht vom Titel abhängig! Viel wichtiger ist der Inhalt!

Im angelsächsischen Hochschulsystem (▶ Abschn. 3.3) ist der MSc theoretischer angelegt und soll auf eine wissenschaftliche Karriere vorbereiten, während im MA und MEng stärker praxisbezogene Inhalte vermittelt werden sollen. Daher ist die Abschlussart international ein wichtiges Signal für Arbeitgeber, ob der Absolvent eher anwendungs- oder eher forschungsbezogen studiert hat. In Deutschland kann dies hingegen einfach daran erkannt werden, ob ein Studierender sein Studium an einer Fachhochschule oder an einer Universität absolviert hat. Wenn Sie also eine internationale Karriere anstreben, sollten Sie sich auch über die internationale Wahrnehmung von Abschlüssen im Klaren sein.

⊡ Tab. 2.3 Konsekutive Abschlüsse in Deutschland

Titel	Fächer
Bachelor of Arts (BA)	Geisteswissenschaften, Sportwissenschaften, Sozialwissenschaften,
Master of Arts (MA)	Wirtschaftswissenschaften, künstlerisch angewandte Studiengänge
Bachelor of Science (BSc)	Naturwissenschaften, Mathematik, Medizin, Agrar-, Forst-und
Master of Science (MSc)	Ernährungswissenschaften, Wirtschaftswissenschaften, Ingenieurwissenschaften
Bachelor of Engineering (BEng)	Ingenieurwissenschaften
Master of Engineering (MEng)	
Bachelor of Fine Arts (BFA)	Freie Kunst
Master of Fine Arts (MFA)	
Bachelor of Music (BMus)	Musik
Master of Music (MMus)	
Bachelor of Laws (LL.B.)	Jura
Master of Laws (LL.M.)	

Beispielsweise stellen OECD und Weltbank deutlich lieber Absolventen mit einem Doktorgrad oder einem forschungsorientierten MSc ein als solche mit einem anwendungsorientierten MA.

Sonderfall „nicht-konsekutiver Master"

Bis vor wenigen Jahren gab es noch eine dritte Masterart, den nicht-konsekutiven Master. Dieser baute nicht auf einem bestimmten Bachelorabschluss auf. Vielmehr richtete er sich an fachfremde Bewerberinnen und Bewerber. Die Kategorie des nicht-konsekutiven Masters gibt es nicht mehr, die entsprechenden Masterprogramme sind aber noch da. Wenn Sie „nicht-konsekutiver Master" googlen, werden Sie daher einige entsprechende Ergebnisse finden. Beispiele für solche Master sind der nicht-konsekutive Master in Betriebswirtschaftslehre an der FH Kiel, sowie der Master in European Business der ESCP Europe.

Eine Option für Sie sind **duale Masterprogramme**. Das heißt, dass Sie gleichzeitig einen Master und ein Traineeprogramm in einem Unternehmen absolvieren. Besonders verbreitet ist diese Form des Studiums in Baden-Württemberg, dem Sitz der Dualen Hochschule Baden-Württemberg (DHBW). Die Anbieter von dualen Mastern sind fast immer Fachhochschulen; die Bewerbung müssen Sie allerdings direkt an das Partnerunternehmen richten. Der Vorteil: Sie erhalten ab dem ersten Tag ein Gehalt und haben im Anschluss beste Aussichten auf eine Übernahme durch Ihren Arbeitgeber. Darüber hinaus ist garantiert, dass die Studieninhalte auch praktische Relevanz besitzen. Die Suche nach

▶ Masterprogramme in
Deutschland suchen: www.
hochschulkompass.de

einem solchen Master ist allerdings weniger leicht: Es gibt keine einheitliche Datenbank für duale Master. Sie werden also direkt auf den Webseiten von Unternehmen schauen müssen. Eine andere Möglichkeit ist es, sich bei Hochschulen nach ihren Kooperationspartnern zu erkundigen.

Sie können Ihren Master auch **binational studieren**. Das heißt, Sie sind gleichzeitig an einer deutschen und einer ausländischen Hochschule eingeschrieben. Sie verbringen die eine Hälfte der Zeit in Deutschland und die andere Hälfte an der ausländischen Partnerhochschule. Am Ende erhalten Sie zwei Masterabschlüsse. Besonders wenn Sie international arbeiten möchten und Ihre Sprachkenntnisse verbessern möchten, sind binationale Master eine großartige Möglichkeit. Da diese Programme recht aufwändig in der Organisation sind, ist die Auswahl begrenzt. Sie finden die Programme, indem Sie auf dem Hochschulkompass die Fachsuche wählen und dort „internationaler Doppelabschluss" anklicken.

2.2.2 Weiterbildende Master

Weiterbildende Master sind immer **extrem praxisorientiert**. Wissenschaftliches Arbeiten spielt nur eine untergeordnete Rolle, dafür stehen konkrete Anwendungsfälle im Vordergrund. Bei weiterbildenden Mastern wird in jedem Fall mindestens 1 Jahr **Berufserfahrung** verlangt – und häufiger sind es mehr.

Weiterbildende Masterstudiengänge werden oft berufsbegleitend angeboten und sind in der Regel für Berufstätige gedacht. Sie werden eine Reihe verschiedener Modelle des **Teilzeit- und Fernstudiums** finden. Das klassische Präsenzstudium ist dabei das seltenste. Die Regel sind Studienmodelle, bei denen Sie meist an Ihrem Rechner über eine Lernplattform arbeiten. Der Präsenzunterricht findet dann an Wochenenden oder in kurzen Blöcken statt, für die Sie sich Urlaub nehmen müssen.

🛈 Unterschätzen Sie nicht die Doppelbelastung von Vollzeitjob und weiterbildendem Studium. Es ist absolut schaffbar, beides zu stemmen – geht aber massiv zu Lasten eines großen Teils Ihrer Freizeit und Ihres Urlaubs. Ich weiß aus eigener Erfahrung, welche Belastung ein weiterbildendes Studium sein kann.

Ein weiterer Unterschied zum konsekutiven Master: die Studiengebühren. Denn weiterbildende Master müssen kostendeckend sein. Das heißt, sie müssen **Studiengebühren** verlangen. Die Gebührenfreiheit an staatlichen Hochschulen – zum Zeitpunkt der Drucklegung gab es an staatlichen Hochschulen keine Studiengebühren für konsekutive Studiengänge – gilt nur für konsekutive Master, nicht für weiterbildende. Die Studiengebühren sind von Master zu Master sehr unterschiedlich. Staatliche Hochschulen sind meist günstiger. Hier zahlen Sie häufig nur 2.000–3.000 Euro im Studienjahr. An Privathochschulen können es auch leicht 10.000 Euro und mehr sein.

Bei weiterbildenden Mastern ist der Unterricht in der Regel **sehr interaktiv**. Statt Frontalunterricht gibt es Fallstudien, Diskussionen und praktische Projekte. Anders als beim konsekutiven Studium muss man sich selbst intensiv einbringen. Daher hängt die Qualität eines weiterbildenden Studiums auch stark von der Motivation und Leistungsbereitschaft Ihrer Kommilitonen ab – denn von ihnen lernen Sie besonders viel.

Der häufigste weiterbildende Master ist der MBA. Informationen zu diesem finden Sie im folgenden Unterkapitel.

► Weiterbildende Master suchen:
www.hochschulkompass.de

2.2.3 Master of Business Administration

Der Master of Business Administration – kurz MBA – ist der am meisten belegte weiterbildende Master. Es handelt sich um ein **generalistisches und praxisorientiertes Managementstudium**. Der MBA wurde in den 1950er Jahren in den USA populär. Damals kamen immer mehr Personen in Führungspositionen, die kein Managementstudium hinter sich hatten, vor allem Ingenieure. Leute also, die große Fachexpertise hatten, aber wenig Kenntnisse im Management. Diese Lücke füllte der MBA. Das Curriculum eines MBA deckt sich zu 35–40% mit dem des BWL-Studiums. Daher sind Nicht-Betriebswirte auch heute noch sind die Hauptzielgruppe eines MBA.

Im MBA studieren Sie extrem praxisorientiert. Das heißt: Sie arbeiten an Fallstudien, machen realistische Simulationen und führen Projekte mit realen Unternehmen durch. Dabei profitieren Sie besonders von den Erfahrungen Ihrer Kommilitonen. In Vollzeit dauert der MBA in der Regel 1 Jahr. Auswahlkriterien sind meist Noten, Ergebnisse von Eignungstests wie dem GMAT (► Abschn. 5.2.2), der Lebenslauf sowie der persönliche Eindruck in Auswahlgesprächen.

Es gibt drei Arten von MBA-Programmen:
1. Der **„normale" MBA** ist der am meisten gewählte MBA und richtet sich an Personen mit 3–5 Jahren Berufserfahrung. Er liefert eine Ausbildung in General Management und richtet sich an Young Professionals in allen Sektoren, die bereits erste Projekte geleitet haben.
2. Der **Spezial-MBA**, also ein MBA mit Fokus auf eine bestimmte Branche, ist ein recht neuer Trend. Die Anforderungen sind hier ausgesprochen unterschiedlich. Spezial-MBA sind dann sinnvoll, wenn Sie sich sicher sind, dass Sie in einer bestimmten Branche bleiben wollen.
3. **Executive MBA** richten sich an erfahrene Führungskräfte mit mindestens 7 Jahren Berufserfahrung.

Der MBA-Markt in Deutschland ist in den vergangenen 10 Jahren massiv gewachsen. Ein MBA ist relativ einfach anzubieten und die

Zahlungsbereitschaft ist hoch. Es gibt nur wenig einheitliche Standards. So verlangt die Association of MBAs mindestens 3 Jahre Berufserfahrung für einen normalen MBA und 7 Jahre für einen Executive MBA. Diese hohen Anforderungen stellen viele Anbieter jedoch nicht. Sie empfinden das vielleicht als Vorteil, wenn Sie über wenig Berufserfahrung verfügen. Allerdings lebt ein MBA von den Erfahrungen Ihrer Kommilitonen. Wenn wenig Erfahrung vorausgesetzt wird, lernen Sie auch weniger. Konkret heißt das: Es gibt zwar viele gute, aber auch **viele mittelmäßige MBA-Programme** in Deutschland.

Die **Studiengebühren** für MBA-Programme gehen extrem auseinander. Während es in Deutschland einige günstige ab 5.000 Euro gibt, können auch locker 50.000 Euro und mehr fällig werden. Ob sich diese Investition für Sie lohnt, müssen Sie individuell evaluieren.

ℹ️ Viele MBA-Programme werben mit extrem hohen Verdienstzuwächsen. Nehmen Sie diese Zahlen „mit einem Korn Salz", wie schon die Römer sagten. Das heißt: Diese Zahlen sind häufig stark übertrieben und sollten nur mit Abstrichen ernst genommen werden.

► Infoportal MBA Compass: www.mba-compass.com/
► Economist Which MBA: www.economist.com/whichmba
► Financial Times MBA Ranking: http://rankings.ft.com/businessschoolrankings/rankings
► Suchmaschine für deutsche Studiengänge, auch MBA: www.hochschulkompass.de
► MBA Lounge:www.mba-lounge.de
► MBA Day: www.e-fellows.net
► QS World MBA Tour: www.topmba.com/events

Für Sie heißt das alles: **Prüfen Sie kritisch!** Der MBA kann für Sie die ideale Weiterbildung sein. Aber nicht jeder MBA ist das Geld und den Arbeitsaufwand wert. Wie Sie ein Studium auf Qualität prüfen, erfahren Sie in ► Abschn. 4.4. Ein paar Tipps in aller Kürze:

- Achten Sie auf Akkreditierungen von Top-Agenturen wie AMBA, EQUIS und AACSB.
- Sprechen Sie mit Absolventen und aktuellen Studierenden. Kontaktieren Sie sie z. B. per Xing oder LinkedIn.
- Schauen Sie in spezielle MBA-Rankings wie dasjenige vom Economist oder von der Financial Times.
- Gehen Sie auf MBA-Messen wie der MBA Lounge, dem MBA Day von e-fellows.net oder der QS World MBA Tour.

Master nach Plan

- Konsekutive Master bauen direkt auf dem Bachelor auf.
- Duale Master vereinen Traineeprogramm und Masterstudium. Sie erhalten von Anfang an ein Gehalt, die Suche ist aber aufwändig.
- Bei binationalen Mastern studieren Sie an zwei Hochschulen und erhalten zwei Abschlüsse.
- Weiterbildende Master verlangen mindestens 1 Jahr Berufserfahrung und sind praxisorientiert.
- Bei weiterbildenden Mastern zahlt man immer Studiengebühren, auch an staatlichen Hochschulen.
- MBA-Programme bilden in General Management aus. Es gibt große Unterschiede in der Qualität der Programme.

2.3 Aufbau und Struktur von Masterstudiengängen

Hochschulen sind relativ frei in der Ausgestaltung ihrer Masterstudiengänge. Daher ist das, was ich Ihnen im Folgenden erkläre, nur der Standard. Ihr Programm weicht vielleicht davon ab.

Die erste Hälfte des Masterprogramms besteht meist aus verpflichtenden Kursen, die alle Studierenden des Programms belegen und bestehen müssen. In diesen „Grundlagenveranstaltungen" soll sichergestellt werden, dass alle Studierenden auf dem gleichen Wissensniveau sind. Bei konsekutiven Masterstudiengängen haben diese Grundlagenveranstaltungen häufig ein sehr hohes Niveau, das fundierte Kenntnisse auf Bachelorniveau des jeweiligen Fachbereiches voraussetzt. Einige Masterstudiengänge verzichten auf Grundlagenveranstaltungen und bieten sog. **Selbstlernmodule** im Internet an. Vor Studienbeginn sind angehende Studierende verpflichtet, sich über bereitgestellte Unterlagen Fachwissen anzueignen. Dies soll gewährleisten, dass Studierende bereits mit soliden Grundkenntnissen ausgestattet an der Zielhochschule ihr Studium beginnen.

In der zweiten Hälfte des Masterprogramms haben Sie in der Regel **größere Wahlmöglichkeiten**. An dieser Stelle ist eine strategische Auswahl der belegten Module sinnvoll: Hier haben Sie die Chance, sich weiter zu spezialisieren und ein für Ihre Pläne passendes inhaltliches Profil zu schaffen.

Manchmal werden Sie einige Lehrveranstaltungen mit Studierenden aus anderen Masterstudiengängen zusammen belegen. Das wird im Bereich der Wahlveranstaltungen oft gemacht, um Seminare auszulasten und eine größere Bandbreite an Veranstaltungen anzubieten. Solange die Teilnehmerzahlen dadurch nicht explodieren, kann dies für Sie sehr interessant und intellektuell stimulierend sein.

Noch ein Tipp: Unterschätzen Sie nicht den Arbeitsaufwand für Ihren Master. Häufig wird es intensiver als im Bachelor. **Kollaborieren** Sie daher wo es geht mit Ihren Kommilitonen. So profitieren Sie von deren Stärken und verringern Ihren Arbeitsaufwand.

Master nach Plan
- Die erste Hälfte des Masterstudiums besteht meist aus Pflichtveranstaltungen, in der zweiten haben Sie mehr Wahlmöglichkeiten.
- Unterschätzen Sie nicht den Arbeitsaufwand für den Master.
- Kooperieren Sie wo es geht mit Ihren Kommilitonen!

2.4 Akkreditierung

Bei Drucklegung des Buches wurde über eine Reform der Akkreditierungen diskutiert. Bitte überprüfen Sie die Informationen im Zweifel selbständig.

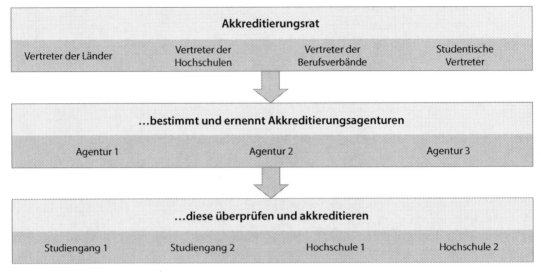

◘ Abb. 2.2   Akkreditierungsrat

Studiengänge müssen in Deutschland akkreditiert werden. Eine Akkreditierung stellt sicher, dass bestimmte **Qualitätsstandards** eingehalten werden. Ist ein Studiengang von einer durch den Akkreditierungsrat zugelassenen Agentur anerkannt, heißt dies, dass er Rahmenbedingungen in Lehre, Studierbarkeit und Vermittlung von Fachwissen erfüllt (◘ Abb. 2.2). Diese Standards sind allerdings nicht allzu schwer zu erreichen – fast alle Studiengänge werden direkt oder nur mit geringen Auflagen akkreditiert.

Wie funktioniert das **Akkreditierungssystem** in Deutschland? Ganz oben steht der Akkreditierungsrat. Er legt die Kriterien zur Akkreditierung von Studiengängen fest. Der Akkreditierungsrat wird von Länder- und Hochschulvertretern, Repräsentanten der Berufsverbände sowie studentischen Vertretern kontrolliert. Der Akkreditierungsrat bestimmt, wer in Deutschland als Akkreditierungsagentur auftreten und Studiengänge überprüfen und anerkennen (also akkreditieren) darf. Die Agenturen dürfen nicht gewinnorientiert handeln und sind meist als gemeinnützige Vereine oder Gesellschaften organisiert.

Was wird von Akkreditierungsagenturen geprüft?
Die Akkreditierungsagenturen richten sich nach den vom Akkreditierungsrat vorgegebenen Kriterien. Diese sind u. a.:
- ein hochschulinternes Konzept zur Qualitätssicherung,
- die Formulierung von Bildungszielen, die sich sowohl auf die wissenschaftliche Befähigung als auch auf direkte Arbeitsmarktfähigkeit beziehen,
- Erfüllen der gesetzlichen Vorgaben des Landes,
- personelle, sachliche und räumliche Durchführbarkeit, außerdem die Frage:
- Sind die Lehrveranstaltungen sinnvoll aufeinander abgestimmt?

In der Regel werden Studiengänge einzeln akkreditiert, allerdings können Hochschulen sich auch als Ganzes akkreditieren lassen. Die Prozedur ist in jedem Fall aufwändig: Die Überprüfung eines einzelnen Studienganges kostet die jeweilige Hochschule bis zu 15.000 Euro und viel Arbeit. Denn immer wieder müssen Fragen beantwortet und Details verändert werden. Ist ein Studiengang akkreditiert, ist dieses Siegel für 5 Jahre gültig – danach muss das Verfahren wiederholt werden. Die Quote der akkreditierten Studiengänge lag 2015 bei etwa 50% – und war damit in etwa auf demselben Niveau wie 2010.

🛈 Was ist, wenn Ihr Studiengang nicht akkreditiert ist? Ruhig Blut! Von einer staatlich anerkannten Hochschule in Deutschland ist der Abschluss immer gültig, ob akkreditiert oder nicht. Im Regelfall wird das Akkreditierungsverfahren schlicht noch nicht abgeschlossen sein, da sich dies immer einige Zeit hinzieht. Und selbst im Worst Case Scenario – einer Verweigerung der Akkreditierung – müssen Sie sich keine Sorgen um Ihren Titel machen: In dem Fall darf der Master in der Zukunft nicht mehr angeboten werden, für Sie bleibt alles gleich.

Internationale Akkreditierungsagenturen
Vielleicht ist Ihnen schon aufgefallen, wie gerne Business Schools mit Siegeln von Akkreditierungsagenturen werben. Hierbei handelt es sich meist um Siegel internationaler Agenturen, die weitaus härtere Kriterien anlegen als ihre deutschen Konterparts. Besonders viel Renommee transportieren die Agenturen AACSB, EQUIS und AMBA. Eine Akkreditierung durch eine oder mehrere dieser Agenturen ist ein positives Qualitätssignal. Bei den deutschen Agenturen gilt das Qualitätssiegel der FIBAA als das renommierteste.

Sollten Sie nicht an einer international renommierten Business School studieren wollen, gibt es weit wichtigere Dinge zu beachten als Akkreditierungen. Welche Studiengänge akkreditiert sind, können Sie schnell und unkompliziert auf der Webseite des Akkreditierungsrates recherchieren. Dort finden Sie auch Verweise zu den zugelassenen Agenturen und erfahren, welche Agentur für Ihren Fachbereich Akkreditierungen vergibt.

▶ Akkreditierungsrat: www. akkreditierungsrat.de

In diesem Kapitel habe ich Ihnen einen ersten Überblick über den Bologna-Prozess und die unterschiedlichen Arten von Masterstudiengängen gegeben. Sicherlich haben Sie sich nun ein Bild über den Markt der Masterstudiengänge verschafft und bereits einige Möglichkeiten im Blick. Im nächsten Kapitel erfahren Sie mehr zum Masterstudium im Ausland.

Master nach Plan

- Ist ein Studiengang akkreditiert, erfüllt er bestimmte Mindestvoraussetzungen.
- Auch ohne Akkreditierung ist Ihr Masterabschluss überall in Europa gültig, solange er von einer staatlich anerkannten Hochschule vergeben wurde.
- Die Hürden sind eher niedrig, fast alle Programme werden akzeptiert.

Ausland

3.1   Binationale Studiengänge – 23

3.2   Erasmus – 23

3.3   Großbritannien – 24

3.4   Frankreich – 25

3.5   Niederlande – 27

3.6   Schweiz – 28

3.7   Österreich – 29

3.8   Schweden – 29

3.9   USA – 30

3.10   Kanada – 32

3.11   Australien – 33

3.12   China – 34

3.13   Promotionsrecht bei ausländischem Masterabschluss – 35

© Springer-Verlag Berlin Heidelberg 2017
S. Horndasch, *Master nach Plan*,
DOI 10.1007/978-3-662-50309-6_3

3

Während meines Studiums verbrachte ich viel Zeit im Ausland: Als Austauschstudent in Madrid, als Praktikant in Chile, als Masterstudent in Nottingham und als Sprachschüler in Paris. Ich habe von all diesen Stationen sehr profitiert. Natürlich einerseits durch bessere Sprachkenntnisse und kulturelle Horizonterweiterung, vor allem aber dadurch, dass ich gezwungen war, mich schnell in einer neuen Stadt und einer neuen Kultur zurechtzufinden. Und es funktionierte. Bei jedem Mal habe ich mich innerhalb kürzester Zeit in einem neuen Land problemlos orientiert. Nach wenigen Wochen hatte ich neue Freunde, eine Wohnung, quasi ein ganzes Leben. **Das hat mich sehr gestärkt.**

Bologna ermöglicht es Ihnen, Ihr Studium mit einem **Masterabschluss einer ausländischen Hochschule** zu beenden. Der Aufwand dafür ist in der Regel nicht bedeutend höher als für eine Bewerbung in Deutschland.

Die wichtigsten Argumente für einen Master im Ausland sind die teilweise deutlich höhere Qualität der Lehre sowie die gewonnene Auslandserfahrung. Es gibt aber auch ganz banale Gründe, die fürs Ausland sprechen: Die Konkurrenz um gute Masterstudienplätze ist in den meisten europäischen Nachbarländern schlicht geringer als in Deutschland. Wenn Ihre Noten also durchschnittlich sind, haben Sie **im Ausland meist größere Chancen** auf einen Platz in Ihrem Traummaster.

Nachfolgend stelle ich Ihnen kurz die Hauptzielländer vor, in denen deutsche Studierende auf Masterniveau studieren. Europaweit gleichen sich Studiengänge und -strukturen einander immer stärker an. Informationen zu den grundlegenden Strukturen von Bachelor und Master, u. a. in Hinblick auf das Leistungspunktesystem (▶ Abschn. 2.1.1), sind normalerweise auch fürs europäische Ausland korrekt. Wo dies nicht der Fall ist, wird es hier erwähnt.

Die Informationen in diesem Kapitel zum Studium im Ausland sind natürlich nur eine Einführung – der Platz hier reicht nicht dafür, die Komplexität eines ganzen Studiensystems abzubilden. Verstehen Sie die Abschnitte daher bitte **nur als Überblick** und recherchieren Sie auf den angegebenen Internetseiten weiter.

▶ Internationale Medienhilfe: www.medienhilfe.org

ⓘ Englisch ist Weltsprache – in vielen Disziplinen veröffentlichen deutsche Professoren ihre Texte gar nicht mehr in ihrer Muttersprache. Daher ist es nur folgerichtig, dass es inzwischen viele teilweise oder komplett englischsprachige Studiengänge in Deutschland gibt. Doch es gibt auch mehrere hundert deutschsprachige Studiengänge im nicht deutschsprachigen Ausland. Eine Übersicht bietet Ihnen die Broschüre „Deutschsprachige Studiengänge Weltweit" der Internationalen Medienhilfe.

▶ XStudy: www.xstudy.eu
▶ Master and More: www.master-and-more.de

Es gibt **keine umfassende europaweite Suchmaschine** für Studiengänge. Zwei gute Suchmaschinen sind allerdings „XStudy" sowie „Master and More". Die nationalen Suchmaschinen finden Sie auf den jeweiligen Länderseiten. Eine Alternative ist die Suche in Rankings (▶ Abschn. 4.3.3).

Ausführliche Informationen zu verschiedenen Hochschulsystemen finden Sie bei „Studis Online". Einige der Artikel dort habe ich selbst geschrieben. Daneben bietet der Deutsche Akademische Austauschdienst (DAAD) Informationen zu allen Hochschulsystemen weltweit. Eine gute Quelle ist auch „Eurydice", eine Datenbank der Europäischen Kommission zu den verschiedenen Bildungssystemen in Europa. Leider sind die Informationen bei Eurydice häufig sehr generell gehalten.

► Studis Online: www.studis-online.de
► DAAD: www.daad.de
► Eurydice: http://eacea.ec.europa.eu/education/Eurydice/index_de.php

🛈 Im Folgenden nenne ich Ihnen viele Zahlen, gerade zu Studiengebühren. Diese ändern sich natürlich mit den Jahren, teilweise sogar drastisch. Ich habe immer die im Jahr 2015 neuesten Werte gewählt. Prüfen Sie unbedingt nach, ob sie noch aktuell sind.

3.1   Binationale Studiengänge

Sie können Ihren Master auch teilweise im Ausland verbringen: Mit einem binationalen Master studieren Sie an zwei Hochschulen und erhalten dann auch zwei unabhängige Abschlüsse. Typischerweise dauern diese Studiengänge 2 Jahre, wobei Sie eines an Ihrer Heimathochschule und das andere im Ausland verbringen.

Aus historischen Gründen gibt es besonders viele Kooperationen mit Frankreich. Mit der Deutsch-Französischen Hochschule wurde gar eine eigene Institution geschaffen, die entsprechende Studiengänge koordiniert und fördert – mehr Informationen dazu finden Sie im Kapitel zu Frankreich (► Abschn. 3.4).

Der Hochschulkompass der Hochschulrektorenkonferenz listet alle Kooperationen deutscher Hochschulen mit dem Ausland auf. Über dessen Suchfunktion können Sie gezielt nach internationalen Studiengängen deutscher Hochschulen suchen. Daneben bietet der Deutsche Akademische Austauschdienst (DAAD) mehr Informationen zum Thema.

► Hochschulkompass: www.hochschulkompass.de
► DAAD: www.daad.de/ausland/studieren/

3.2   Erasmus

Viele Studierende verschieben ihr Auslandssemester in die Zeit ihres Masters, da der Bachelor an manchen Hochschulen zu eng strukturiert ist. Am beliebtesten ist dabei das Erasmus-Programm der Europäischen Union. Im Rahmen des Erasmus-Programms studieren Sie für ein oder zwei Semester an einer anderen Hochschule innerhalb von Europa und erhalten bis zu 350 Euro pro Monat als Stipendium.

Die Bewerbung für Erasmus-Plätze findet direkt an Ihrer Hochschule statt und ist unkompliziert. Das Angebot hängt von den jeweiligen Kooperationsverträgen Ihrer Hochschule mit anderen Hochschulen ab. Falls Sie also einen Erasmus-Auslandsaufenthalt während Ihres

► DAAD zu Erasmus: http://eu.daad.de

Masterstudiums planen, rate ich Ihnen, sich vorher über das Angebot zu informieren.

3.3   Großbritannien

Die wichtigsten Fakten in Kürze

Einwohnerzahl (2014)	64,1 Mio.
Anzahl Studierende (2011)	2,5 Mio.
Deutsche Studierende (2012)	13.700
Dauer des Masters	1 Jahr (Ausnahme: M. Phil.)
Studiengebühren	9.000 Pfund pro Jahr oder mehr (England); 3.000–5.000 Pfund (Schottland, Wales, Nordirland)
Aufpassen!	Die Qualitätsunterschiede sind in UK größer als in Deutschland
Fun Fact	Auf den Campussen gibt es kaum Cafés, dafür umso mehr Pubs; dort spielt sich das soziale Leben ab

Großbritannien ist ein **beliebter Studienort**, trotz hoher Gebühren. Kein Wunder: Einige der weltweit besten und anerkanntesten Universitäten sitzen dort. Dazu gehören klangvolle Namen wie Oxford, Cambridge, St. Andrews und die London School of Economics, mit deren Qualität deutsche Hochschulen nur in wenigen Bereichen konkurrieren können.

Doch anders als in Deutschland sind die **Qualitätsunterschiede** zwischen den Hochschulen extrem. Die Lehr- und Forschungsmittel konzentrieren sich auf die besten Universitäten. Daher gibt es zwar einige Hochschulen, die qualitativ deutlich besser sind als deutsche Universitäten, andererseits gibt es auch eine große Menge qualitativ weniger guter Institutionen. Anders als hierzulande gibt es keine Aufteilung in Universitäten und Fachhochschulen; man kann nur an Universitäten studieren. Aufgrund der Qualitätsunterschiede sind in Großbritannien Rankings (▶ Abschn. 4.3.3) besonders wichtig – ich rate Ihnen zum Blick in den „Guardian University Guide".

Die **Betreuung** der Studierenden ist in Großbritannien deutlich besser als in Deutschland: Auf der Insel kommen im Durchschnitt 12–15 Studierende auf einen Dozenten, während wir hierzulande eine Quote von 1:43 haben – dies ist jedoch nur ein Durchschnitt, um den die Werte der Hochschulen sehr stark variieren.

In Großbritannien wird zwischen dem „Taught Master" und dem „Research Master" unterschieden. Die am häufigsten vergebenen Masterabschlüsse MA und MSc sind beide **Taught Masters**. MA werden traditionell in geisteswissenschaftlichen Fächern vergeben, MSc in naturwissenschaftlichen. Für Sie wird die Aufteilung dann wichtig, wenn in derselben Disziplin beide Abschlüsse angeboten werden, wie es z. B. bei den Wirtschaftswissenschaften der Fall ist. Nehmen Sie als Faustregel, dass der MA anwendungsorientiert ausgerichtet ist, während Sie bei einem forschungsorientierten MSc deutlich mehr Theorie auf dem Lehrplan haben.

Research Master sind die Abschlüsse Master of Philosophy (MPhil) und Master of Research (MRes). Hierbei handelt es sich um einen meist auf 2 Jahre ausgelegten Forschungsmaster, der nur wenig Lehre umfasst und die Erstellung einer eigenständigen und relevanten wissenschaftlichen Arbeit fordert. Wenn Sie sich bereits sicher sind, dass Sie eine wissenschaftliche Karriere anstreben, könnten MPhil oder MRes für Sie genau das Richtige sein.

Die **Studiengebühren** für ein Masterstudium können von den Universitäten bis zu einem gewissen Grad frei festgelegt werden. Die Gebühren liegen für Studierende aus der EU („home students") in England meist bei 9000 Pfund pro Jahr, bei Managementstudiengängen sind sie allerdings deutlich höher. In Schottland, Wales und Nordirland sind die Gebühren meist deutlich günstiger. Auf Nachfrage vergeben viele Hochschulen allerdings Stipendien, durch die Studiengebühren teilweise oder ganz erlassen werden können.

Weitere **Informationen** zum Studium finden Sie u. a. auf der Übersichtsseite „Prospects" sowie auf der Webseite „Which? University".

ⓘ Die Folgen des Brexit-Beschlusses von 2016 waren zum Zeitpunkt der Drucklegung noch nicht absehbar.

▶ Guardian University Ranking: http://www.guardian.co.uk/ education/universityguide
▶ Prospects: www.prospects.ac.uk
▶ Which? University Guide: http:// university.which.co.uk

3.4 Frankreich

Die wichtigsten Fakten in Kürze

Einwohnerzahl (2014)	66 Mio.
Anzahl Studierende (2011)	2,3 Mio.
Deutsche Studierende (2012)	6.400
Dauer des Masters	2 Jahre
Studiengebühren	Keine (Ausnahme: Grandes Écoles)
Aufpassen!	Unterschätzen Sie nicht die Mieten in Paris: Es wird leider teuer
Fun Fact	Wer Französisch als Leistungskurs hatte (und bestanden hat), braucht kein DELF/DALF-Zertifikat vorzuweisen

Kein Hochschulsystem in Europa ist so **eliteorientiert** wie das französische. Denn dort wird schon mit der Auswahl der Hochschule der Karriereweg bestimmt: Wer es auf eine renommierte Grande École schafft, dem sind gute Ausbildung und Karriere sicher. An den Universitäten sind die Probleme aber die gleichen wie bei uns: Über überfüllte Hörsäle und extremen Lerndruck klagen auch französische Studierende.

Da das „Baccalaureat" in Frankreich die Bezeichnung für das Abitur ist, hat man für den Bachelor im Rahmen des Bologna-Prozesses die Bezeichnung „Licence" aus dem alten System übernommen. Nach der Licence folgt der **2-jährige Master**. Als Abschluss erhalten Sie entweder den anwendungsorientierten „Master Professionnel" oder den forschungsorientierten „Master Recherche".

3

Es gibt viele verschiedener Hochschularten in Frankreich. Dazu gehören folgende:

- Universitäten, staatlich betrieben und vergleichbar mit deutschen Einrichtungen,
- „Grandes Écoles", praktisch angelegte Eliteschmieden,
- „Écoles de Commerce et de Gestion", meist private Wirtschaftsfachschulen von eher mittelmäßiger Reputation,
- „Écoles d'Ingénieurs" und „Écoles Scientifiques", auf Ingenieur- und Naturwissenschaften spezialisierte Hochschulen.

Relevant sind vor allem die Universitäten und **Grandes Écoles**. Zwischen beiden herrscht eine tiefe Kluft. Die Grandes Écoles sind Eliteschmieden und die Plätze hoch begehrt. Das Studium ist sehr praxisorientiert und es wird wenig Forschung betrieben.

Wie in Deutschland sind auch in Frankreich die **Universitäten** das Zentrum wissenschaftlichen Arbeitens und Lernens. Französische Universitäten bieten das gesamte wissenschaftliche Fachspektrum an. An Grandes Écoles gibt es dagegen nur bestimmte Fachrichtungen: Politik, Jura und Verwaltung sowie Ingenieurs- und Wirtschaftswissenschaften.

► Deutsch-Französische Hochschule: www.dfh-ufa.org

> **Deutsch-Französische Hochschule**
> In Saarbrücken sitzt seit 1999 die Deutsch-Französische Hochschule (DFH). Der Name ist etwas verwirrend: Denn es handelt sich nicht um eine Hochschule, sondern um ein Kooperationsprojekt deutscher und französischer Universitäten. Die DFH soll die Mobilität von Studierenden erhöhen sowie Forschung und Ausbildung internationalisieren. Im Rahmen der DFH wurde eine Reihe integrierter Studiengänge geschaffen, durch die Sie innerhalb der Regelstudienzeit sowohl einen deutschen als auch einen französischen Abschluss erhalten können.

Die **Aufnahme auf eine Grande École** ist für Sie durchaus möglich. Dabei reicht ein Motivationsschreiben allerdings meist nicht aus: In der Regel wird von Ihnen ein erfolgreicher abgeschlossener GMAT (Graduate Management Admission Test; auch ► Abschn. 5.2.2) oder dessen französisches Pendant, der TAGE-MAGE-Test, verlangt. Es folgt ein Auswahlgespräch. Die Ausbildung an einer Grande École ist sehr praxisorientiert. Wenn Sie eine Karriere in der Wirtschaft oder der Politik anstreben, werden Sie hier viele nützliche Dinge lernen und zusammen mit der zukünftigen Elite Frankreichs studieren. Wenn Sie hingegen eine wissenschaftliche Karriere anstreben, ergibt es wenig Sinn, sich hier zu bewerben, da kaum Forschung betrieben wird.

Das Studium an französischen Universitäten ist abgesehen von einer Verwaltungsgebühr **kostenlos**. Eine Ausnahme bilden die Grandes Écoles. An öffentlichen Grandes Écoles müssen Sie mit mindestens 1000 Euro pro Jahr rechnen, private verlangen mindestens 1500 Euro – es können je nach Fach und Hochschule aber auch bis zu 15.000 Euro sein.

Weitere **Informationen** zum französischen Hochschulsystem finden Sie bei „Campus France", dem Informationsbüro der französischen Hochschulen. Dort können Sie sich auch persönlich beraten lassen.

► Campus France www. campusfrance.org/

3.5 Niederlande

Die wichtigsten Fakten in Kürze

Einwohnerzahl (2014)	16,8 Mio.
Anzahl Studierende (2011)	780.000
Deutsche Studierende (2012)	25.000
Dauer des Masters	1 Jahr (Ausnahme: Naturwissenschaften und Technik)
Studiengebühren	2.000 Euro pro Jahr
Aufpassen!	FH-Absolventen müssen ein halbes bis ganzes Extrajahr einlegen, um einen Master an einer niederländischen Uni studieren zu dürfen
Fun Fact	Sehr viele Master sind auf Englisch

Die Niederlande haben das wahrscheinlich größte englischsprachige Studienangebot außerhalb englischsprachiger Länder. Viele niederländische Hochschulen sind äußerst forschungsstark und genießen international einen hervorragenden Ruf. Und: Anders als bei uns sind sie **didaktisch** auf dem neuesten Stand. Wenn Sie sich jetzt fragen, was denn ein Studium mit Didaktik zu tun hat, beweist das schon meinen Punkt.

Die Niederlande haben **zwei Hochschularten**: die Universitäten sowie die „Hogeschools". Letztere sind sehr praxisbezogen und glänzen durch eine extrem projektorientierte Lehre. Das wissenschaftliche Niveau an einer Hogeschool ist dagegen deutlich niedriger als an einer deutschen Fachhochschule. Die wenigsten Hogeschools bieten Masterprogramme an. Anders als in Deutschland kann man mit einem Bachelorabschluss einer Hogeschool nicht ohne Weiteres einen Master an einer Universität machen. Das ist für Sie ein Problem, wenn Sie einen Bachelor von einer deutschen FH haben: Niederländische Universitäten werden Ihren Abschluss als Hogeschool-Bachelor einstufen und Sie entweder gar nicht aufnehmen oder von Ihnen ein „Pre-Master"-Studium von 1–2 Semestern verlangen.

An **Universitäten** dauert der Master bei Ingenieur- und Naturwissenschaften 2 Jahre, in anderen Fachbereichen wie Wirtschafts- und Geisteswissenschaften 1 Jahr.

Beim Studium werden Studierende stärker als in anderen Ländern mit einbezogen. Sehr verbreitet ist die Unterrichtsform der „probleemgestuurd onderwijs", dem **problembasierten Lernen**, in der sich Studierende den Stoff in Teams anhand von Fallstudien und Projektarbeiten erarbeiten.

Neben den meist 1-jährigen Masterprogrammen gibt es auch 2-jährige **Master of Philosophy** (MPhil). Diese zielen auf eine anschließende Promotion hin und sind entsprechend forschungsintensiv. Auch wenn Sie mit einer akademischen Laufbahn liebäugeln, sich aber noch nicht vollkommen sicher sind, kann dies ein geeigneter Studiengang sein, da das Niveau hier äußerst hoch ist.

Weitere Informationen zum Studium in den Niederlanden finden Sie auf dem niederländischen Portal „Study in Holland". Eine sehr gute Datenbank namens „Nuffic" hilft Ihnen bei der Suche nach dem passenden Studiengang.

► Offizielle Webseite für Studieninteressenten: www.studyinholland.nl/
► Datenbank zu Studiengängen Nuffic: www.nuffic.nl

3.6   Schweiz

Die wichtigsten Fakten in Kürze

Einwohnerzahl (2014)	8,1 Mio.
Anzahl Studierende (2011)	260.000
Deutsche Studierende (2012)	14.300
Dauer des Masters	2 Jahre
Studiengebühren	1.000–8.000 Franken pro Jahr (meist um die 1.500 Franken)
Aufpassen!	Die Lebenshaltungskosten sind in der Schweiz extrem hoch
Fun Fact	Die Schweiz ist auf dem 1. Platz des "Where to be born-Index" vom *Economist* (Deutschland: 16.)

Für ein Studium in der Schweiz sprechen eine große Zahl exzellenter Hochschulen, die Sprachenvielfalt sowie eine hervorragende Lebensqualität. Das System ist dem deutschen vergleichbar – mit dem kolossalen Unterschied, dass schweizerische Hochschulen **nicht unterfinanziert** sind. Studieren können Sie auf Deutsch, Italienisch und Französisch. Daneben wird eine zunehmende Zahl englischsprachiger Programme angeboten.

Die Schweiz unterscheidet zwischen bundeseigenen Eidgenössischen Technischen Hochschulen (ETH) und kantonalen Universitäten sowie Fachhochschulen und Pädagogischen Hochschulen. Bei den beiden **ETH** des Landes handelt es sich um vom Bund betriebene Universitäten mit Schwerpunkt auf technischen und naturwissenschaftlichen Studiengängen. Es werden allerdings auch andere Programme angeboten. Sie sind großzügig finanziert und bieten dementsprechend meist **hervorragende Studienbedingungen**.

Die insgesamt 10 kantonalen Universitäten sind klassische Volluniversitäten, die meist ebenfalls sehr gut ausgestattet sind. Die Schweizer Fachhochschulen sind in Ausrichtung und Qualität mit deutschen vergleichbar.

> ⓘ Die Schweiz ist zwar nicht Teil der EU, dort erlangte Studienabschlüsse sind aufgrund des Bologna-Prozesses aber in Deutschland voll anerkannt.

Die Studiengebühren sind sehr unterschiedlich. Sie reichen von etwa 1000 Franken bis 8000 Franken. An den meisten Hochschulen liegen sie bei etwa 1500 Franken im Jahr. Hinzu kommen Verwaltungsgebühren.

Informationen zum Studium in der Schweiz finden Sie auf der Webseite der Rektorenkonferenz der Schweizer Universitäten sowie auf dem englischsprachigen Portal „Study in Switzerland".

▶ Rektorenkonferenz der Schweizer Universitäten: www. crus.ch
▶ Swiss University: www. studyinginswitzerland.ch/

3.7　Österreich

Die wichtigsten Fakten in Kürze

Einwohnerzahl (2014)	8,5 Mio.
Anzahl Studierende (2011)	360.000
Deutsche Studierende (2012)	32.000
Dauer des Masters	2 Jahre
Studiengebühren	Keine
Aufpassen!	Vor allem die Universitäten sind extrem überfüllt
Fun Fact	Österreich ist das bei Deutschen beliebteste Land

Österreich ist das bei deutschen Studierenden mit Abstand **beliebteste Land**. Der Hauptgrund ist, dass hier die Zulassung zum Studium meist einfacher ist als in Deutschland. Zudem sind die Studienbedingungen gut, das Hochschulsystem dem deutschen sehr ähnlich und die kulturellen und sprachlichen Unterschiede eher gering.

Wie in Deutschland gibt es in Österreich **Universitäten** und **Fachhochschulen**. Sie sind qualitativ mit ihren deutschen Verwandten vergleichbar. Wie bei uns gibt es Probleme mit überfüllten Lehrveranstaltungen und zu geringer Betreuung, anders als in Großbritannien aber auch keine extremen Qualitätsunterschiede zwischen den Hochschulen. Österreich ist Teil des CHE-Rankings (▶ Abschn. 4.3.3), wo die meisten österreichischen Studiengänge im Mittelfeld landen. Das österreichische Notensystem gleicht weitgehend dem deutschen.

Österreich hatte vor einigen Jahren Studiengebühren von 400 Euro pro Semester eingeführt, diese mittlerweile aber wieder abgeschafft – zumindest an Universitäten. Fachhochschulen verlangen mitunter **Gebühren** von einigen hundert Euro pro Semester. Die Lebenshaltungskosten in Österreich sind mit denen in Deutschland vergleichbar.

Informationen zum Studium in Österreich bieten Ihnen das Portal „Studieren.at" sowie der Österreichische Austauschdienst. Eine gute Suchmaschine ist die Studienplattform.

▶ Studieren.at: www.studieren.at
▶ Österreichischer Austauschdienst: www.oead.ac.at
▶ Suchmaschine Studienplattform: www. studienplattform.at/

3.8　Schweden

Die wichtigsten Fakten in Kürze

Einwohnerzahl (2014)	9,6 Mio.
Anzahl Studierende (2011)	460.000
Deutsche Studierende (2012)	6.200
Dauer des Masters	1–2 Jahre
Studiengebühren	Keine
Aufpassen!	Am unangenehmsten sind in Schweden die dunklen Winter

3

Fun Fact | In Schweden werden die Kurse nicht parallel, sondern nacheinander belegt. Dadurch hat man alle paar Wochen eine Prüfung

Schwedens Hochschulsystem gehört zu den **modernsten Systemen** Europas, es gibt keine Studiengebühren und die Hochschulen sind finanziell sehr gut ausgestattet. Hinzu kommen wunderbare Landschaften, freundliche Menschen und schöne Möbel – gute Gründe für ein Studium im hohen Norden.

Wie in Deutschland gibt es **zwei Typen von Hochschulen**, Universitäten und „Högskolas", die mit der deutschen FH vergleichbar sind. Das Hochschulsystem ist dezentralisiert, sodass alle Hochschulen ihre Studiengänge autonom erstellen können. Universitäten bieten ein breites Programm an Studiengängen und sind stark wissenschaftlich orientiert, während die Wahlmöglichkeiten an Högskolas eher eingeschränkt und stark praxisorientiert sind.

Das Studienjahr in Schweden besteht aus 2 Semestern, die von Ende August bis Mitte Januar und von Mitte Januar bis Anfang Juni gehen. Unterbrochen werden die Semester von kurzen Weihnachts- und Osterferien. Anders als in den meisten Ländern werden Kurse nicht parallel, sondern nacheinander belegt. Sie belegen also mehrere Wochen einen einzigen Kurs, der dann mit einer Klausur endet. Dadurch massieren sich die Prüfungen nicht gegen Ende des Semesters, dafür werden Sie **kontinuierlich geprüft**.

Es gibt **fast 1000 englischsprachige** Masterprogramme in Schweden. Masterstudiengänge dauern entweder 1 oder 2 Jahre. Für einen 1-jährigen Master mit 60 ECTS erhalten Sie das „Magisterexamen", für einen 2-jährigen mit 120 ECTS das „Masterexamen".

In Schweden ist das **Studium kostenlos**, nur geringe Beiträge für die Studierendenvereinigung werden Sie entrichten müssen. Darüber hinaus werden bedürftigen Studierenden umfangreiche Stipendien- und Hilfsprogramme angeboten. Die Lebenshaltungskosten sind in Schweden allerdings hoch.

Im Internet finden Sie viele Informationen zum Studium in Schweden. Das hervorragende Portal „Study in Sweden" hilft Ihnen mit vielen Infos. Weitere Informationen finden Sie auf der Seite der „Schwedischen Agentur für höhere Bildung".

► Study in Sweden: www.studyinsweden.se
► Schwedische Agentur für höhere Bildung: www.studera.nu

3.9   USA

Die wichtigsten Fakten in Kürze

Einwohnerzahl (2014)	319 Mio.
Anzahl Studierende (2011)	21 Mio.
Deutsche Studierende (2012)	9.800
Dauer des Masters	1-2 Jahre
Studiengebühren	2.000–60.000 Dollar pro Jahr

Aufpassen!

Fun Fact

Gerade an guten Universitäten sind
die Bewerbungsverfahren häufig
kompliziert und enden frühzeitig

In den USA studiert und lebt man
auf dem Campus. Nahezu das
gesamte Leben spielt sich an der
Universität ab

Amerika ist wie in so vielen Belangen auch im Hochschulbereich das Land der **Superlative**: Nirgends auf der Welt gibt es so viele so gute Universitäten (s. Rankings ▶ Abschn. 4.3.3). Nirgends arbeiten so viele Nobelpreisträger. Nirgends haben die Hochschulen so viel Geld. Und nirgendwo ist das Studium so teuer.

Seinen Bachelor macht man in den USA in der Regel an einem 4-jährigen College. Colleges sind entweder unabhängig oder Teil einer Universität. Den Masterabschluss müssen Sie dagegen an einer Universität ablegen. Er dauert meistens **2 Jahre**, es gibt aber auch kürzere Programme.

Ein Unterschied besteht in den USA zwischen den ca. 2500 **privaten** und ca. 1700 **öffentlichen Hochschulen**. Öffentliche Hochschulen sind für Amerikaner günstiger; für Europäer ist der Unterschied häufig nicht groß. Beide bieten eine hochwertige Ausbildung, allerdings gibt es mehr private als öffentliche Hochschulen unter den absoluten Topuniversitäten. Führend sind die Hochschulen der sog. Ivy League. Die Hochschulen der Ivy League sind ein Zusammenschluss privater Universitäten, zu der renommierte Institutionen wie Princeton und Harvard gehören.

In den USA wird **kontinuierliches Lernen** und Arbeiten verlangt. Klausuren finden auch während des Semesters statt und Sie werden regelmäßig Essays und Hausarbeiten anfertigen müssen. Auf die individuelle Betreuung der Studierenden wird großen Wert gelegt. Dozenten sind in der Regel immer und ohne Termin ansprechbar – sei es persönlich, per E-Mail oder per Telefon. Sie werden im Schnitt weniger Semesterwochenstunden haben als in Deutschland.

Die **Bewerbung** an einer US-Hochschule nimmt eine lange Vorlaufzeit in Anspruch – vor allem, falls Sie ein Stipendium erhalten möchten. Verlangt wird immer ein erfolgreicher Sprachtest sowie meist ein gut bestandener GRE- oder GMAT-Test (▶ Abschn. 5.2.2). Daneben werden Sie in der Regel Motivationsschreiben, Empfehlungsschreiben sowie einen Finanzierungsnachweis vorlegen müssen. US-Hochschulen sind frei in ihren Bewerbungsvoraussetzungen und Fristen. Informieren Sie sich daher individuell.

🛈 Aufgrund vergleichbar lockerer Regeln gibt es in den USA viele Hochschulen von schlechter bis mittelmäßiger Qualität, die Sie mit falschen Versprechungen locken und bei denen Sie für Ihr Geld nur wenig Leistung erhalten. Es gibt zwei Wege, dies zu vermeiden:

- Sie konsultieren Rankings. Die USA haben viele Rankings, das bekannteste ist das der *US News*. Auch die Zeitschrift *Princeton Review* bietet ein anerkanntes Ranking.
- Sie achten auf Akkreditierungen. Anders als in Deutschland sind Akkreditierungen in den USA extrem wichtig. Nur wenn eine Universität oder ein College von einer wichtigen Akkreditierungsagentur anerkannt wurde, werden attraktive US-Firmen einen Absolventen einstellen.

Die **Studiengebühren** können in den USA von Hochschulen frei festgelegt werden. Sie werden je nach Hochschule und Programm zwischen 2.000 und 60.000 US-Dollar pro Jahr bezahlen müssen. Dabei gilt meist: Je renommierter, desto teurer.

Viele **Infos** bietet die Beratungsstelle „EducationUSA". Informationen über Aufnahmetests gibt es beim „Educational Testing Service Network". Stipendien vergibt die „Fulbright-Kommission".

► EducationUSA www. educationusa.de
► Educational Testing Service Network: www.ets.org
► US News Ranking: www. usnews.com/rankings
► Princeton Review Ranking: www.princetonreview.com/college-rankings
► Fulbright-Kommission: www. fulbright.de/

3.10   Kanada

Die wichtigsten Fakten in Kürze

Einwohnerzahl (2014)	35 Mio.
Anzahl Studierende (2011)	2 Mio.
Deutsche Studierende (2012)	1.500
Dauer des Masters	2 Jahre (in der Regel)
Studiengebühren	8.500–36.000 Kanadische Dollar pro Jahr
Aufpassen!	Man sollte sich lange im Voraus bewerben
Fun Fact	Der Bachelor ist der Standard: Gerade 5% eines Jahrgangs machen einen Master

Kanadas ist nicht nur wegen seiner wunderbaren Natur einen näheren Blick wert, es hat auch einige **sehr gute Hochschulen**, die qualitativ fast an die besten Universitäten der USA heranreichen – für geringere Gebühren. Außerdem bietet Kanada eine hervorragende Lebensqualität.

Kanada hat 77 englischsprachige und 15 französischsprachige Universitäten. Wer sich gleich in zwei Sprachen verbessern möchte, kann darüber hinaus zwischen 5 **bilingualen Universitäten** wählen. Der Master dauert in der Regel 2 Jahre.

Das akademische Jahr dauert in Kanada von September bis April und ist entweder in 2 Semester oder in 3 Trimester aufgeteilt. Die Betreuung an den Hochschulen ist sehr gut und Sie haben in der Regel engen Kontakt zu Ihren Dozenten. Wie in den USA werden Sie auch während des Semesters viele Prüfungsleistungen erbringen müssen. **Rankings** sind in Kanada extrem wichtig und vielbeachtet. Das bekannteste Ranking wird jährlich von der Zeitschrift *Maclean's* erstellt.

Das Masterstudium dauert in Kanada **2 Jahre**. Gerade 5% eines Jahrgangs studieren auf Masterniveau weiter. Dies liegt u. a. daran, dass Kanadier die Option haben, ihren Bachelor von 4 auf 5 Jahre zu verlängern und damit ein Honours Bachelor's Degree zu erhalten. In diesem Jahr vertiefen sie ihre Kenntnisse in dem Fach ihrer Wahl, was auf dem kanadischen Arbeitsmarkt gern gesehen wird.

Jede kanadische Hochschule kann ihre **Studiengebühren** selbst festlegen. Im Durchschnitt sind es 15.000 Kanadische Dollar pro Jahr (etwa 10.000 Euro zum Zeitpunkt der Drucklegung). Eine Übersicht über alle Studiengebühren (sowie zu kanadischen Universitäten an sich) finden Sie auf der Seite „Universitystudy.ca".

Informationen gibt es außerdem bei „Study in Canada" sowie bei der „Association of Universities and Colleges of Canada".

▶ Universitystudy.ca: www.universitystudy.ca
▶ Study in Canada: www.studyincanada.com
▶ Association of Universities and Colleges of Canada: www.aucc.ca
▶ Mcleans's: www.macleans.ca/universities

3.11 **Australien**

Die wichtigsten Fakten in Kürze

Einwohnerzahl (2014)	23,1 Mio.
Anzahl Studierende (2011)	1,3 Mio.
Deutsche Studierende (2012)	1.500
Dauer des Masters	1–2 Jahre
Studiengebühren	20.000–40.000 australische Dollar pro Jahr
Aufpassen!	Das Studienjahr beginnt in Australien im Februar – und nicht wie bei uns im Herbst
Fun Fact	Mehrere deutsche Institute kooperieren mit australischen Universitäten. Sie helfen bei der Bewerbung – und nehmen dafür Geld

Das Hochschulsystem Australiens ist sehr übersichtlich. In dem einwohnermäßig kleinen Land gibt es nur etwa 40 Universitäten. Für Australien sprechen gut ausgestattete Hochschulen, ein angenehmes Klima, eine reiche Natur sowie eine freundliche Bevölkerung. Australiens Hochschulen haben ein mit den USA oder Großbritannien vergleichbares Niveau und bewegen sich damit **an der Weltspitze**. Die Studierendenschaft ist international, wobei Australien vor allem Menschen aus näher gelegenen Ländern wie Indien, Thailand und China anzieht. Auch die Dozenten kommen aus aller Welt.

Australien liegt **auf der anderen Seite der Welt** und genau wie die Jahreszeiten ist auch das Studienjahr umgekehrt: Das 1. Semester beginnt Ende Februar (also im Sommer) und dauert bis Ende Juni; 3–4 Wochen später beginnt das 2. Semester, das im Dezember endet. Dezember bis Ende Februar sind vorlesungsfrei.

Masterstudiengänge dauern in Australien zwischen 1 und **2 Jahren**. Wie in England und den USA sind in Australien die Qualitätsunterschiede zwischen den Universitäten groß. Daher empfiehlt sich vor der Bewerbung der Blick in verschiedene Rankings.

Allgemeine Informationen bietet das „Times World University Ranking" (▶ Abschn. 4.3.3), in dem etwa die Hälfte aller australischen Universitäten vertreten sind.

Bei der **Bewerbung** helfen gegen Geld auch das „Institut Ranke-Heinemann" sowie „Gostralia". Dabei handelt es sich um deutsche Unternehmen, die die australischen Hochschulen in Deutschland offiziell repräsentieren.

Die **Studiengebühren** sind extrem hoch – im Schnitt sogar knapp höher als in den USA. Laut einer Studie der HSBC-Bank zahlt man als ausländischer Studierender im Schnitt etwa 25.000 Dollar im Jahr. Stipendien gibt es u. a. vom DAAD. Das „Institut Ranke-Heinemann" und „Gostralie" beraten zu Stipendienmöglichkeiten und listen auf ihren Webseiten einige Förderungsmöglichkeiten auf.

Generelle **Informationen** zum Studium in Australien finden Sie auf zahlreichen Internetseiten. Unter anderem bietet die australische Regierung eine eigene englischsprachige Internetpräsenz. Eine Übersicht über alle Programme an australischen Hochschulen bietet die Webseite „Hobsons Course Finder".

▶ Institut Ranke-Heinemann: www.ranke-heinemann.de
▶ GOstralia!: www.gostralia.de
▶ Webseite der australischen Regierung: www. studyinaustralia.gov.au
▶ Hobsons Course Finder: www. hobsonscoursefinder.com.au/

3.12   China

Die wichtigsten Fakten in Kürze

Einwohnerzahl (2012)	1,35 Mrd.
Anzahl Studierende (2011)	Ca. 35 Mio.
Deutsche Studierende (2012)	6.400
Dauer des Masters	2–3 Jahre
Studiengebühren	1.500– 8.000 Euro pro Jahr
Aufpassen!	Der Unterricht in China ist extrem verschult
Fun Fact	Kein Hochschulsystem wächst so schnell wie das chinesische

China ist das **größte Land der Welt** und schickt sich an, auch wirtschaftlich die weltweit dominierende Nation zu werden. Es verfügt gleichzeitig über eine 3500-jährige Geschichte und eine großartige philosophische Tradition. All das ist Grund genug, sich China genauer anzusehen.

Die **Qualität der Hochschulen variiert**. Es findet derzeit eine extreme Bildungsexpansion statt. Neue Universitäten werden gegründet, bestehende deutlich ausgebaut. Dadurch erfüllen die Hochschulen nicht immer die höchsten Standards. Aus diesem Grund kommen zwar sehr viele Deutsche für einen Austausch nach China, nur wenige belegen dagegen ein komplettes (Master-)Studium.

Das Studium in China ist wenig interaktiv und stark **verschult**. Häufig folgt am Ende einer Vorlesung ein kurzer Test. Die meisten Studiengänge sind auf Chinesisch, allerdings gibt es immer mehr englischsprachige Programme.

Die Studiengebühren variieren zwischen 1.500 und 8.000 Euro im Jahr. Die Lebenshaltungskosten liegen bei ca. 400–450 Euro im Monat.

Weitere Informationen finden Sie auf den Infoseiten CUCAS und SICAS.

► CUCAS www.cucas.edu.cn
► SICAS www.sicas.cn

3.13 Promotionsrecht bei ausländischem Masterabschluss

Innerhlab der EU dürfen Sie überall promovieren, wenn Sie einen Master haben, der im Land des Erwerbs zur Promotion berechtigt. Theoretisch. In der Praxis werden Haltern ausländischer Mastergrade immer noch hohe Hürden auferlegt. Das hat oft nichts mit Zweifeln an Ihrer wissenschaftlichen Befähigung zu tun, sondern liegt in erster Linie an Vorbehalten und der Trägheit der Universitätsverwaltung sowie dem unkonkreten Ziel einiger Fakultäten, „nur die Besten" zu nehmen.

In Deutschland gibt es zwei Wege, mit ausländischen Masterabschlüssen zu promovieren: Zum einen können Sie sich Ihren Abschluss formell von der **Zentralstelle für Ausländisches Bildungswesen** in Bonn anerkennen lassen. Dieser Prozess dauert oft 1–2 Jahre. Von Berichten mir bekannter Studierender weiß ich, dass in vielen Fällen oft willkürlich und nach nicht nachvollziehbaren Kriterien entschieden wird. Haben Sie endlich eine Auskunft der Zentralstelle, so haben Sie nicht nur 1 Jahr verloren: Ihnen wird im Falle eines Negativbescheids die Möglichkeit verwehrt, an jeder deutschen Universität zu promovieren. Die Entscheidungen sind verbindlich und gelten bundesweit.

► Zentralstelle: http://anabin.kmk.
org/

Ich empfehle daher die **Einzelfallprüfung**. Die meisten deutschen Promotionsordnungen erlauben einer Fakultät, im Rahmen einer Einzelfallprüfung zu entscheiden, ob Sie als Studierende mit ausländischem Studienabschluss am Fachbereich der jeweiligen Universität promovieren dürfen. Das wird dann durch den Promotionsausschuss entschieden. Haben Sie an einer deutschen Universität bereits einen Doktorvater gefunden, der Ihr Vorhaben betreuen möchte, ist die Einzelfallprüfung dringend zu empfehlen. Kein Promotionsausschuss wird einem Kollegen, der einen vielversprechenden Kandidaten präsentiert, eine Zusammenarbeit verwehren.

Seien Sie sich jedoch bewusst, dass die Mitarbeiter der Universität, an der Sie sich für ein Promotionsstudium bewerben, Ihre Unterlagen en détail prüfen werden. Viele Hochschulmitarbeiter haben keine Auslandserfahrung und stehen den neuen Abschlüssen Bachelor und Master noch skeptisch gegenüber.

Ein weiteres wichtiges Merkmal, das ein Masterstudiengang im Falle einer geplanten späteren akademischen Karriere erfüllen sollte, sind direkte Kontakte zu Hochschullehrern. Bereits während Ihres Masterstudiums sollten Sie sich um eine spätere Stelle als wissenschaftlicher Mitarbeiter bzw. Doktorand kümmern. Dabei helfen Ihnen Kontaktforen zu Professoren wie akademische Runden, Stammtische, aber auch die Möglichkeit, an renommierten Forschungseinrichtungen Praktika zu absolvieren. Wichtig ist in diesem Zusammenhang auch, dass Ihnen Kontakte zu Professoren nicht nur eine weitere akademische Karriere an der Universität Ihres Masterstudienganges vermitteln können. Ihre Professoren werden auch über andere Kontakte verfügen, die Ihnen weiterhelfen können.

Auswahl des passenden Masterstudiengangs

4.1   Der richtige Zeitpunkt für den Master – 38

4.2   Selbstreflexion: Was möchten Sie studieren? – 42

4.3   Die passende Ausrichtung der Hochschule und Fakultät – 54

4.4   Qualitätsanalyse: Ihr Studiengang auf dem Prüfstand – 61

4.5   Berufliche Chancen: Die passende inhaltliche Ausrichtung des Studiums – 72

© Springer-Verlag Berlin Heidelberg 2017
S. Horndasch, *Master nach Plan*,
DOI 10.1007/978-3-662-50309-6_4

4

Die Columbia University in New York hat vor einigen Jahren ein Experiment durchgeführt. In einem Supermarkt bauten sie einen Stand auf, an dem Kunden Marmeladensorten probieren konnten. Es gab zwei Varianten: Entweder standen 6 Sorten zur Auswahl oder 24. Nachdem die Leute probiert hatten, konnten sie eine beliebige Marmelade mit Rabatt erwerben. Der Unterschied, wie viele Kunden das Angebot annahmen, war drastisch: bei den 24 Sorten waren es 3% – und bei einer Auswahl von 6 Sorten 30%. Die Wissenschaftler schlossen daraus, dass die große Auswahl die Kunden überforderte – und sie deshalb erst gar keine trafen.

Warum erzähle ich Ihnen diese Geschichte? Weil Sie etwas mit Ihrer Situation zu tun hat. In den meisten Fällen wird die Auswahl an Masterprogrammen riesig sein – und zwar so groß, dass Sie gar keine Gesamtübersicht haben können. Die Lösung der Marmeladentester – gar keine Wahl – ist natürlich keine gute Option. Sie müssen die Auswahl also eingrenzen. Und dabei soll Ihnen dieses Kapitel helfen.

4.1   Der richtige Zeitpunkt für den Master

Viele machen ihren Master direkt nach dem Bachelor. Aber das ist nicht die einzige Option. Sie können Ihren Master auch nach ein oder mehreren Jahren Pause machen. Oder Sie machen gar keinen Master – denn nicht für jeden Job ist er auch tatsächlich notwendig. Im folgenden stelle ich Ihnen Ihre Optionen vor.

4.1.1   Lohnt sich der Master für die Karriere?

Fakt ist: Mit dem Bachelor suchen Sie in etwa genauso lange (oder kurz) nach einem Job wie mit dem Master. In den meisten Studiengängen haben Sie mit einem Bachelorabschluss sehr gute Einstiegschancen. Zwar ist Ihr **Einstiegsgehalt als Bachelorabsolvent geringer als das eines Masterabsolventen** – den Unterschied macht man aber meist durch die erste Beförderung wett. Kurz: Um einen guten Job zu bekommen, brauchen Sie in der Regel keinen Master.

Dabei gibt es natürlich viele Ausnahmen. Wenn Sie in den **höheren Dienst** eintreten möchten, brauchen Sie einen Master. Wenn Sie ein naturwissenschaftliches Fach studieren, ist ein Master meist ebenfalls notwendig. Wenn Sie Lehrerin oder Lehrer werden möchten, ist der Master Pflicht. Und wer in die Wissenschaft möchte, braucht ihn sowieso.

Aber warum sollten Sie einen Master machen, wenn diese Punkte nicht auf Sie zutreffen? Auf dem deutschen Arbeitsmarkt herrscht eine **Spezialistenkultur**: Karriere machen in Deutschland in erster Linie diejenigen, die fachliche Expertise in einem bestimmten Bereich aufweisen: der Ingenieur, der Controller, der Marketingexperte. Das gilt insbesondere für größere Organisationen der Wirtschaft und Verwaltung. Menschen, die in diesen Bereichen Karriere machen, signalisieren bereits in ihren ersten Berufsjahren durch ihren Abschluss, dass sie Spezialisten sind. Bachelorabsolventen sind jedoch Generalisten und damit im Nachteil (im Medienbereich, bei Startups oder in kleineren Agenturen gilt diese Regel übrigens nicht).

Wenn Sie sich die Vorstände eines beliebigen DAX-Unternehmens ansehen, werden Sie sehr viele Menschen mit Doktortitel finden. Warum ist das so? Weil **Titel überzeugen**. Es kommt leider nicht nur darauf an, was man kann, sondern auch darauf, was man als formale Qualifikation vorweisen kann. Das tatsächliche Wissen des Mitarbeiters ist zwar auch wichtig – viel stärker wahrgenommen wird es jedoch, wenn er auch die formale Qualifikation eines Masterabschlusses mit sich führt. „Der muss es doch wissen. Er ist ja schließlich Experte", denken sich viele dann – das Wissen des Mitarbeiters wird besonders geschätzt. Als reiner Bachelor werden Sie teilweise nicht immer ernst genommen werden, vor allem auf höheren Ebenen.

Aus diesem Grunde werden bei Beförderungen oft diejenigen befördert, deren Leistungen in der Personalakte – also auf dem Papier – überzeugend aussehen. Falls der Beförderte dann nicht überzeugen kann, können seine Unterstützer sich im Zweifel noch immer auf die Papierform der Personalakte (und damit seinen Masterabschluss) beziehen. Im Umkehrschluss bedeutet das, dass Bachelorabsolventen geringere Karrierechancen haben, denn Personalverantwortliche haben das Interesse, Fehler zu vermeiden. **Kurz: Wenn Sie aufsteigen wollen, hilft Ihnen der Master**. Sollten Sie übrigens bereits wissen, welchen beruflichen Weg Sie einschlagen möchten, ist es ratsam, Ihre Masterentscheidung am geforderten Qualifikationsprofil festzumachen.

Neben Karrieregründen gibt es natürlich noch **viel mehr gute Argumente für den Master**: Sie vertiefen Ihr Wissen, Sie können Ihr Studierendenleben verlängern, Sie haben mehr Zeit für die berufliche Orientierung und Sie können die Chance für ein Auslandsstudium (▶ Kap. 3) nutzen. Denken Sie daran: Diese wunderschöne Zeit haben Sie nur einmal!

4.1.2 Master direkt nach dem Bachelor

Für diese Lösung **spricht auf den ersten Blick viel**: Sie stecken gedanklich tief in Ihrer wissenschaftlichen Disziplin und haben dadurch zu Anfang Ihres Masterstudiums keine Reibungsverluste. Ihre akademische Leistungskraft ist hoch. Außerdem verdienen Sie so früher Geld. Wenn Sie darüber hinaus bereits klare Vorstellungen haben, was Sie beruflich tun wollen, und während Ihres Bachelors verschiedene Praktika gemacht haben, ist es sinnvoll, Ihr Masterstudium direkt nach dem Bachelorabschluss in Angriff zu nehmen.

4.1.3   Master nach einem Jahr Pause

Ein „Gap-Year" zwischen Bachelor und Master kann für Sie **extrem sinnvoll** sein. Einige Beispiele: Praktika, Sprachkurse, Freiwilligenarbeit, bezahlte Arbeit oder Reisen. Im besten Fall kombinieren Sie mehrere Möglichkeiten. Nur Nichtstun wäre eine schlechte Alternative. Arbeitgeber sehen ein „Gap-Year" zwischen Bachelor und Master im Regelfall sehr positiv. Denn so bringen Sie sehr wertvolle praktische Erfahrungen mit, die ihre Mitbewerber, die direkt durchstudiert haben, so nicht vorweisen können.

Sie sollten ein Jahr Pause vor allem aus zwei Gründen machen:

1. zur Orientierung, was Sie beruflich machen möchten – z. B. durch Praktika;
2. um diese eine besondere Sache zu tun, die sie unbedingt machen wollten – beispielsweise eine Reise, ein Intensivsprachkurs oder ein persönliches Projekt.

Durch den engen Zeitplan bietet das Bachelorstudium meist nicht die Gelegenheit, längere Praktika zu absolvieren. Viele Bachelorabsolventen sind sich darüber hinaus noch nicht im Klaren über ihre genauen beruflichen Ziele. Ein Jahr Praktika zwischen Bachelorabschluss und Masterstudium gibt Ihnen die Gelegenheit, für sich genau herauszufinden, was Sie beruflich wollen. Darüber hinaus können Sie so wertvolle Kontakte für Ihren Berufseinstieg knüpfen. Denn ein Vorgesetzter wird sich nach einem 6-monatigen Praktikum deutlich besser an Sie erinnern können als nach einem 6-wöchigen. Außerdem sind **Praktika zwischen Bachelor und Master sinnvoller als nach dem Master** – denn nach dem Master sollten Sie auch einen bezahlten Job kriegen können.

> ❶ Viele Praktika werden mit einer langen Vorlaufzeit vergeben. Es wäre ein Fehler anzunehmen, dass Sie sich bei der Planung eines praktischen Jahres mehr Zeit lassen könnten als für Ihren Master. Das Gegenteil ist der Fall. Kümmern Sie sich also früh!

► Erasmus Plus: www.erasmusplus.de
► Deutsche Auslandshandelskammern: www.ahk.de

Sollten Sie ein **Praktikum im europäischen Ausland** anstreben, sollten Sie sich beim Erasmus-Plus-Programm der Europäischen Union bewerben, das Ihren Auslandsaufenthalt mit monatlichen Zuschüssen fördert. Noch ein Tipp: Die deutschen Auslandshandelskammern vermitteln regelmäßig Praktika gegen ein Entgelt. Da dieser Service kostenpflichtig ist, sollten Sie nur dann auf ihn zurückgreifen, wenn Sie selber nichts Besseres finden!

► Deutscher Akademischer Austauschdienst: www.daad.de
► Rausvonzuhaus: www.rausvonzuhaus.de

Sprachkurse sind eine gute Alternative zu einem praktischen Jahr. Dies könnte in Ihrem Leben die letzte Möglichkeit sein, stressfrei und ohne berufliche Einschränkungen eine neue Sprache zu lernen. Es lohnt sich sehr, in das Land zu gehen, in dem die Sprache auch gesprochen wird. Beachten Sie, dass Universitäten meist deutlich günstigere Angebote machen als private Sprachschulen. Eine gute Idee ist es auch, nach Sprachkursen in Asien, Afrika oder Lateinamerika zu suchen. In

Bolivien lernen Sie Spanisch zum Spottpreis und auch in arabischen Ländern können Sie von nur wenigen hundert Euro im Monat gut leben. Auch bringt Ihnen ein außereuropäischer Auslandsaufenthalt eine neue Selbstständigkeit und zusätzliche Lebenserfahrung. Der Deutsche Akademische Austauschdienst (DAAD) bietet auf seiner Internetseite sehr gute weiterführende Übersichten zu Sprachkursen im Ausland. Eine Reihe von Hinweisen zu Möglichkeiten und Finanzierung hält daneben das Portal „Rausvonzuhaus" der Bundesregierung bereit.

▶ DAAD: www.daad.de

Möglichkeiten für **Freiwilligenarbeit** gibt es viele. Eine besonders lohnende Initiative ist der Europäische Freiwilligendienst. In dessen Rahmen nehmen junge Menschen von 18–25 Jahren zwischen 3 Wochen und 12 Monate an einem gemeinnützigen Projekt in Lateinamerika, Ost- oder Westeuropa teil. Versicherung, Unterkunft und Taschengeld trägt die Entsendeorganisation. Bei dieser müssen Sie sich bewerben. Sollten Sie einen Einstieg in die Entwicklungshilfe in Erwägung ziehen, können Sie mit dem Weltwärts-Programm der Bundesregierung zwischen 6 und 24 Monate in Entwicklungsprojekten mitarbeiten.

▶ Informationen zum Europäischen Freiwilligendienst: www.go4europe.de
▶ Weltwärts: www.weltwaerts.de

Es ist eine sprichwörtliche Wahrheit, dass **Reisen** bildet. Das gilt vor allem, wenn Sie alleine in fremden Ländern unterwegs sind. Dann lernen Sie mitunter mehr, als Sie es bei einem Praktikum können – wie beispielsweise der Autor dieser Zeilen, der sich auf einer Südamerikareise alleine bei eisigen Temperaturen nachts in den chilenischen Bergen verlief, nur unter Mühe in den frühen Morgenstunden zurückfand und dabei einiges über Natur, Orientierung, Hunger und seinen Körper lernte. Und wann haben Sie noch einmal die Zeit und die familiäre Unabhängigkeit, eine ausgedehnte Reise zu machen? Schließlich sollten Sie eine Weltreise machen, solange diejenigen, die an der Strandbar etwas von Ihnen wollen, nicht Ihre eigenen Kinder sind. Die Möglichkeiten sind groß und es gibt eine Fülle von Ratgebern und Internetseiten zu dem Thema.

Die Option, ein Jahr nach dem Bachelorabschluss zu pausieren, ermöglicht Ihnen auch, sich **konzentrierter auf Masterprogramme zu bewerben**: Sie haben alle Dokumente bereits zusammen und haben mehr Zeit für die Anfertigung einer überzeugenden Bewerbung.

4.1.4 Nach einigen Jahren Arbeit

Es besteht ebenfalls die Möglichkeit, erst nach einigen Jahren im Berufsleben ein Masterstudium zu beginnen. Gerade in angelsächsischen Ländern ist dies üblich. Meist handelt es sich bei den Programmen, die nach einigen Jahren Beruf begonnen werden, um **weiterbildende Masterprogramme** (▶ Abschn. 2.2.2), wie beispielsweise den Master of Business Administration (MBA) (▶ Abschn. 2.2.3).

Das Hauptargument gegen eine mehrjährige Pause ist, dass Sie nach so langer Zeit Schwierigkeiten haben werden, sich wieder ins wissenschaftliche Arbeiten hineinzudenken. Sie werden viele **Theorien**

vergessen und große Mühe haben, sie sich wieder anzueignen. Darüber hinaus ist es fraglich, ob Sie nach ein paar Jahren (hoffentlich) guten Verdienstes wieder bereit sein werden, von ungleich weniger Geld ein Studierendenleben zu führen. Dies gilt allerdings nur für wissenschaftlich orientierte Programme und nicht für weiterbildende Master. Bei Letzteren kommt es in erster Linie auf Ihre Praxiserfahrungen an – außerdem laufen diese meist neben Ihrem Job.

Übrigens: Einige **Arbeitgeber fördern MBA-Programme.** Allerdings gibt es oft nur wenige solcher Plätze. Dies gilt insbesondere für entsprechende Programme, mit denen Unternehmensberatungen in Imageanzeigen werben: Der Anteil jener Unternehmensberater, die tatsächlich nach 3 Jahren Berufserfahrung ihren MBA in Harvard machen, ist gering.

Master nach Plan

- Mit einem Master haben Sie höhere Gehaltserwartungen bei Ihrem Berufseinstieg.
- Der Berufseinstieg geht auch mit dem Bachelor, aber ohne Master kann der Aufstieg mittelfristig schwierig werden – denn Titel überzeugen.
- Ein Jahr Pause zwischen Bachelorabschluss und Masterstudium können Sie vielfältig für Praktika, Reisen, Sprachkurse, Arbeit und soziales Engagement nutzen.
- Für Ihren Lebenslauf ist es gleichwertig, Ihren Master direkt an den Bachelor anzuschließen oder ein Jahr für praktische Erfahrungen zu nutzen.
- Sie können ohne Weiteres erst einmal arbeiten und den Master nach mehreren Jahren machen – dann wird es aber meist ein weiterbildendes Programm.

4.2   Selbstreflexion: Was möchten Sie studieren?

Vor der Auswahl und eigentlichen Recherche nach geeigneten Studiengängen steht die Selbstreflexion über Ihre eigenen Wünsche, Pläne und Ziele. Nachfolgend zeige ich Ihnen Wege auf, wie Sie Ihre persönlichen Ziele konkretisieren, Ihre Präferenzen in eine geordnete Reihenfolge bringen und über welche Recherchemethoden Sie geeignete Programme finden können. Gerade die Festlegung klarer Präferenzen und Prioritäten verhindert im Falle einer Ablehnung bei einem Programm, dass Sie wertvolle Zeit verlieren und sich umorientieren müssen.

4.2.1   Methoden der persönlichen Zielfindung

Am Anfang des Selbstreflexionsprozesses steht die persönliche Zielfindung. Diese sollten Sie nicht planlos angehen. Ich empfehle Ihnen eine **Strategie in 3 Schritten**, in der Sie von innen nach außen gehen: (1) Systematisieren Sie zunächst Ihre eigenen Gedanken. (2) Beziehen Sie danach die Meinungen anderer Vertrauenspersonen und Kommilitonen mit ein. (3) Zuletzt suchen Sie fachlichen Rat bei Professoren.

Sie beginnen im ersten Schritt mit der **Systematisierung Ihrer eigenen Gedanken.** Wie können Sie Ihre Gedanken ordnen? Ideal dafür ist eine **Mindmap**, also das Aufzeichnen einer vernetzten Gedankenstruktur in Form einer **Gedankenkarte**. Im Gegensatz zur Fixierung der Gedanken in einem Fließtext ermöglicht Ihnen „Mindmapping" die dynamische Vernetzung ihrer Gedanken und Vorstellungen. In ◪ Abb. 4.1 zeige ich Ihnen, wie eine Mindmap eines Studierenden zur Masterwahl aussehen könnte.

Eine besondere Art des Mindmappings ist das sog. **Clustering**. Hier stehen jedoch nicht logische Querverbindungen Ihrer Ideen im Mittelpunkt, sondern der Weg zu diesen Ideen über Ihre Gedanken. Diese Methode ist durchaus sinnvoll. Denn oft werden wertvolle Ideen nur verworfen, weil der letzte Gedanke einer Gedankenkette Ihnen vielleicht unlogisch erscheint. Wenn Sie ihre Gedankenketten zu Papier bringen, behalten Sie den Überblick und können so merken, ob eine bereits verworfene Idee im Ansatz richtig war.

Ihre **Gedankenkarte** können Sie handschriftlich erstellen. Falls Sie die Arbeit am Computer vorziehen, empfehle ich Ihnen die (in der Basisversion) kostenlosen Apps „MindMeister", „Simplemind+", „Freemind" und „XMind".

▶ Mindmeister: www. mindmeister.com
▶ Simplemind+: www.simpleapps. eu/simplemind/
▶ Freemind: http://freemind. sourceforge.net
▶ Xmind: www.xmind.net

Haben Sie Ihre eigenen Gedanken systematisiert, sollten Sie im **zweiten Schritt** andere Personen in Ihre Entscheidungsfindung einbinden. Grundsätzlich gilt: Menschen werden um nichts lieber gebeten als um Rat – das sollten Sie nutzen. Ihre eigenen Ziele sind nicht nur Ihnen bewusst: Fragen Sie **Bekannte, Freunde und Familienmitglieder,** wo diese Sie in einigen Jahren sehen, oder besprechen Sie mit ihnen konkrete Entscheidungsoptionen. Oft sehen Außenstehende die Dinge klarer und können wertvolle Ratschläge geben. Ob diese Personen Ihren fachlichen Hintergrund teilen, spielt dabei keine Rolle: Gerade fachfremde Menschen leiden weniger unter Betriebsblindheit und bieten Ihnen eine gute Hilfe zur Selbsteinschätzung.

Sinnvoll ist auch der Austausch mit Ihren **Kommilitonen** – sie sind in der gleichen Lage wie Sie und haben häufig gute Informationen und Tipps. Dabei sollten Sie keine Scheu haben, auch Ihre eigenen Ideen zu teilen: Für Ihre Bewerbungschancen ist es irrelevant, ob sich 350 oder 351 Studierende auf Ihren Traummaster bewerben. Der Vorteil geteilten Wissens wiegt da deutlich schwerer. Gerade in der unsicheren Bewerbungszeit für Masterstudiengänge entstehen unter Studierenden übrigens mitunter Gerüchte und leider erkennt man zumeist erst im Nachhinein, dass die Informationen falsch waren („Lass bloß die Finger von Uni X, die ist in Deutschland nicht anerkannt!"). Prüfen Sie also immer kritisch nach.

4

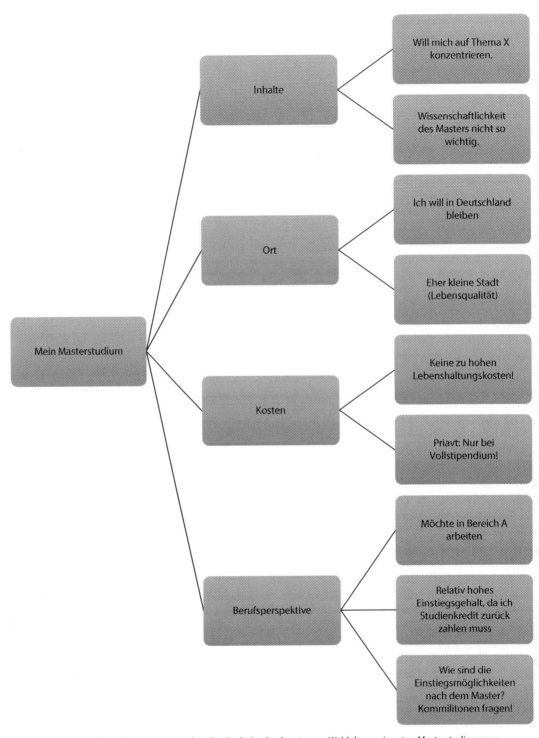

■ **Abb. 4.1**   Beispiel: Mindmap eines angehenden Bachelorabsolventen zur Wahl des geeigneten Masterstudiengangs

ℹ Kontaktieren Sie immer aktuelle Studierende Ihres
Wunschmasters! Fragen Sie sie, ob sie den Master wieder wählen
würden. Niemand kann Ihnen ein authentischeres Bild vermitteln
als aktuelle Kommilitonen. Vielleicht kennen Sie ja entsprechende
Studierende. Aber auch ohne eigene Netzwerke geht es: Suchen
Sie den Kontakt zu den jeweiligen Fachschaften oder nutzen
Sie soziale Netzwerke. Im Zweifelsfall sollten Sie unbedingt das
Geld in einen Profiaccount bei einem professionellen Netzwerk
wie Xing oder Linkedin investieren, um entsprechende Leute zu
kontaktieren.

Suchen Sie außerdem das **Gespräch zu Hochschullehrenden**. Vielleicht haben Sie in den ersten Semestern Ihres Studiums, etwa in einem Seminar, Kontakte zu Lehrstühlen aufgebaut. Nutzen Sie diese und fragen Sie die Lehrstuhlinhaber, aber auch wissenschaftliche Mitarbeitende, die Ihre Leistung und Ihr Potenzial realistisch einschätzen können. Hochschullehrende erreichen Sie am besten, indem Sie ein Thema als Gesprächsaufhänger nutzen, das dem Fachbereich des Professors am nächsten steht. Sagen Sie z. B., dass Sie sich im Hinblick auf Ihre Bachelorarbeit oder eine anstehende Hausarbeit für seinen Fachbereich interessieren und bereiten Sie 2–3 (schlaue!) Fragen vor. Damit öffnen Sie ihn und machen sich für ihn interessant. Im Verlauf des Gesprächs bitten Sie ihn um einen „Rat in einer persönlichen Angelegenheit" und zwar der Wahl Ihres zukünftigen Masterstudiums. Am Ende des Gesprächs vergewissern Sie sich, ob Sie „bei weiteren Rückfragen noch einmal auf ihn zukommen" dürften. Noch am selben Tag bedanken Sie sich in einer E-Mail für das interessante Gespräch und für die Möglichkeit, auch in Zukunft auf ihn zurückzukommen.

ℹ Sie werden merken, dass Ihnen ein Großteil der angesprochenen
Personen ausführlich Auskunft geben wird. Menschen werden
gerne um Rat gefragt. Aber seien Sie sich bewusst, dass Menschen
Ihnen immer den Rat geben werden, den sie sich selbst geben
würden. Zum Beispiel wird Ihr Professor Ihnen vermutlich zur
forschungsstärksten Hochschule raten – auch wenn Sie gar keine
Promotion planen. Aber Sie haben Ihre eigenen Ziele. Haben Sie
daher den Mut, Ratschläge auch mal in den Wind zu schlagen.

Beispiel

Esra hatte sich nach ihrem Bachelor in Volkswirtschaftslehre und Politik für mehrere Universitäten in Großbritannien beworben. Nun stand sie vor der Wahl: Den wissenschaftlichen Master an der forschungsstarken Universität Nottingham oder den praktischer angelegten an der weniger forschungsstarken, dafür aber international renommierten Universität in St. Andrews. Sie besprach sich mit der Betreuerin ihrer Bachelorarbeit, die ihr dringend zu Nottingham riet. Sie beherzigte den Rat und ging nach Nottingham. Ein Fehler: Esra hatte nie vor, eine wissenschaftliche Karriere anzustreben; sie wollte direkt in den Beruf durchstarten.

4

Für sie wäre St. Andrews die bessere Wahl gewesen, da diese Hochschule international sehr angesehen ist. Die Forschungsqualität wäre dagegen für ihre potenziellen Arbeitgeber eher zweitrangig gewesen.

Der **dritte Schritt** sind professionelle Berater. **Berufs- und Studienberater** öffentlicher Einrichtungen oder Karrierezentren von Hochschulen sind mitunter extrem hilfreich – andere wiederum verschwenden Ihre Zeit. Es gibt drei Merkmale, die eine gute und fundierte Studienberatung erfüllen sollte. Diejenigen, die Sie beraten, müssen
- über tiefes Fachwissen verfügen,
- eine inhaltliche Nähe zum angestrebten Studien- oder Berufsziel haben und
- ein persönliches Interesse an Ihrem Erfolg haben.

Am ehesten werden diese drei Kriterien von **Studienberatungen an den Zielhochschulen** erfüllt. Das sind in der Regel Mitarbeiter, die sich mit den Studienstrukturen auskennen und einen ähnlichen fachlichen Hintergrund wie Sie haben. Ein persönliches Interesse an Ihrem Erfolg besteht auch, denn falls Sie an der Hochschule studieren und merken sollten, dass die Entscheidung nicht die richtige für Sie war, leidet der Ruf der Beratung unter Ihrem Urteil.

Ausgewiesen gute **private Studienberatungen** gibt es nur eine Handvoll in Deutschland. Der Rest bewegt sich in einer Grauzone zwischen Scharlatanerie und Halbwissen. Bei privaten Studien- und Karriereberatungen sollten Sie daher besonders kritisch hinschauen. Die hohen Tagessätze der Beratung können auch alternativ investiert werden – etwa in Fahrtkosten für persönliche Besuche (▶ Abschn. 4.2.3) an den Hochschulen Ihrer Wahl.

Sie werden schnell merken, ob Ihr Studien- oder Berufsberater die drei Kriterien erfüllt. Wenn Sie Glück haben, treffen Sie auf einen engagierten Berater, der Ihnen interessante weitere Sichtweisen liefert.

Wie Sie vielleicht gemerkt haben, bewegen wir uns in der Orientierung von den eigenen Überlegungen schrittweise hin zu Menschen, die immer entfernter von Ihnen stehen. Das unabhängige Urteil anderer ist wichtig, die eigenen Entscheidungen zu hinterfragen und zu bewerten – nicht jedoch, um sie für sich treffen zu lassen. Achten Sie daher darauf, dass am Anfang Ihres Entscheidungsfindungsprozesses **Sie selbst und Ihre Wünsche** stehen. Je weiter Sie fortschreiten, umso eher ist eine externe Beratung sinnvoll.

In ◨ Abb. 4.2 finden Sie noch einmal die einzelnen Schritte zur Zielfindung im Überblick.

4.2.2 Festlegung Ihrer Präferenzen

Bevor Sie mit der Suche nach dem geeigneten Programm beginnen, müssen Sie sich über Ihre Ziele im Klaren sein. Definieren Sie dabei klar die **Ziele, die Sie mit dem Master verfolgen**. Beziehen Sie die

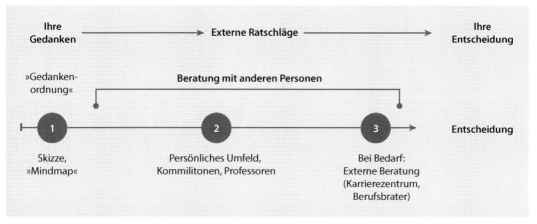

◨ Abb. 4.2 Die persönliche Zielfindung

Einschätzung anderer mit in Ihre Überlegungen ein, ohne sich vorschnell festzulegen. Dabei ist es wichtig, dass Sie sich immer vor Augen halten, was Sie durch Ihr Masterstudium erreichen wollen und wohin Sie möchten. Für die Festlegung Ihrer Ziele empfehlen sich die klassischen W-Fragen:

- Was möchte ich studieren?
- Was ist mein berufliches Ziel?
- Wie und wo möchte ich studieren?
- Mit wem möchte ich studieren?

Sie sollten sich darüber im Klaren sein, was Ihr **Hauptziel** ist. Es ist zwar klar, dass Sie mit einem Master immer mehrere Ziele verfolgen. Aber es wird immer einen Hauptgrund geben. Viel zu häufig lassen wir uns von unseren Nebenzielen ablenken und treffen dann eine suboptimale Wahl. Sicher werden Sie Ihre Hochschule nicht ausschließlich nach Studiengesichtspunkten auswählen. Es zählt auch noch die Attraktivität des Standorts wie etwa die Größe und Lage der Stadt und das kulturelle Angebot. Einige Beispiele für mögliche Hauptziele eines Masters:

- Voraussetzungen für den Einstieg ins strategische Marketing eines international agierenden Unternehmens schaffen,
- Zeit gewinnen für die Berufswahl,
- eine andere Kultur und Sprache besser kennenlernen,
- Voraussetzungen für eine Promotion in meinem Fachgebiet schaffen,
- eine Spezialistin in meinem Fachgebiet werden.

Nachdem Sie ihr Hauptziel definiert haben, können Sie an Ihre **Nebenziele** gehen. Dabei kann es sich um viele Dinge handeln. Mein Rat: Halten Sie sich kurz. Beispiele für Nebenziele wären u. a.: einen bezahlbaren Master machen, in Skandinavien studieren, nah an der Partnerin oder dem Partner sein, in attraktiver Stadt studieren, Doppelabschluss machen können, mit hoch motivierten Leuten studieren etc.

Am Ende des Prozesses sollten Sie einen **persönlichen Zielkatalog** entwickelt haben, in dem Sie alles auflisten, was Sie mit Ihrem Masterstudium erreichen möchten. Nicht alle Ihre Ziele können Sie durch die Wahl eines bestimmten Programms erreichen – jedoch möglichst viele. Setzen Sie daher klare Prioritäten, an denen Sie sich in Ihrer konkreten Recherche nach Studiengängen orientieren.

Wie Sie wissen, habe ich ja zwei Master. Hier meine persönlichen Ziele für die beiden Programme zu der jeweiligen Zeit:

Sebastian Horndasch, 24, Bachelor in Staatswissenschaften, auf der Suche nach einem Master mit Schwerpunkt Wirtschaftspolitik

Hauptziel	Qualifikation für einen Job im politischen oder wirtschaftspolitischen Bereich
Nebenziele	Englisch verbessern
	Neue Kultur kennen lernen
	An gut gerankter Universität studieren

Sebastian Horndasch, 32, damals selbständiger Buchautor und Berater, will sich weiterbilden mit einem berufsbegleitenden Master in Management mit Schwerpunkt Bildung

Hauptziel	Qualifikation für eine Führungsposition im Projektmanagement im Bildungsbereich
Nebenziele	Einen bezahlbaren Master finden
	International studieren
	Den Master neben dem Job machen können

Aber ich möchte nicht nur auf mich selbst eingehen. Die folgenden Prioritäten betreffen die beiden Bachelorabsolventen Liane und Jonas.

Liane, 23, Bachelor in Kulturwissenschaften u. Romanistik. Sie hat noch keine Auslandserfahrung, möchte diese aber gerne sammeln

Hauptziel	Masterstudium an wissenschaftlich anerkannter Universität als Basis für eine spätere Promotion
Nebenziele	Studium im Ausland, idealerweise in Frankreich
	Interdisziplinäres Arbeiten soll möglich sein
	Die Stadt sollte ein gutes Studierendenleben ermöglichen

Jonas, 24, Bachelor in Maschinenbau, zweisprachig deutsch/englisch. Er hat nur ein sehr begrenztes Budget, da seine Eltern ihn nicht unterstützen und er nur relativ wenig BAföG erhält. Deshalb muss er nebenbei viel arbeiten

Hauptziel	Masterstudium in Maschinenbau mit hohem Praxisbezug zur Autoindustrie
Nebenziele	Keine Langzeitstudiengebühren, da er aufgrund seiner Arbeitsbelastung nicht erwartet, in Regelstudienzeit abzuschließen
	Große Wahlfreiheit bei den Vorlesungen
	Stadt mit nicht zu hohen Mieten

4.2.3   Recherchemöglichkeiten

Haben Sie eine klare Liste Ihrer Prioritäten angefertigt? Gut, dann geht es jetzt ins reale Leben, denn nun müssen Sie nicht nur passende Studiengänge finden, sondern auch herausfinden, welcher dieser Studiengänge am besten zu Ihnen passt. Nachfolgend stelle ich einige Möglichkeiten der **Recherche** nach passenden Masterstudiengängen dar. Vorher noch drei Hinweise:

- Fangen Sie früh an,
- koordinieren Sie Ihre Suchaktivitäten mit Kommilitonen, um nicht überall die gleichen Fragen zu stellen, und
- hinterfragen Sie erhaltene Informationen.

4.2.3.1   Netz und Print

Natürlich werden Sie Ihre Recherche bei **Google** beginnen. Das macht jeder. Das Problem bei Google: Die Ergebnisse sind unsystematisch. Und besonders wenn Sie nach wirtschaftswissenschaftlichen Studiengängen suchen, finden Sie vor allem die Webseiten von Privathochschulen, die viel Geld und Arbeit in die gute Auffindbarkeit ihrer Studiengänge stecken. Sie finden aber nicht zwangsläufig das, was sie finden möchten.

Einen systematischen Überblick über Ihre Optionen bietet Ihnen in Deutschland vor allem die Studienfachsuche vom **Hochschulkompass**. Hier sind alle Studiengänge Deutschlands aufgelistet und Sie können nach zahlreichen Kriterien auswählen – u. a. die Sprache, den Studienort und die Trägerschaft der Hochschule.

Neben Suchmaschinen und Hochschulkompass gibt es einige weitere interessante Webseiten, die Sie als Startpunkt für Ihre Recherche zu Hochschul- und Karrierethemen nutzen können.

▶ Übersicht zu deutschen Studiengängen: Hochschulkompass der HRK: www.hochschulkompass.de

▶ Karrieremagazin Karriere: www.karriere.de

▶ Die Zeit – Rubrik Studium: http://www.zeit.de/studium

Neben der klassischen Suche über Suchmaschinen und Karriereseiten können Sie auch **induktiv** vorgehen: Das bedeutet, dass Sie an Hochschulen von Professoren, die in Ihrem persönlichen Fachgebiet und Zielland in der fachlichen Oberliga spielen, nach passenden Masterprogrammen suchen. Viele dieser Professoren werden Sie aus einschlägigen Veröffentlichungen kennen.

Beispiel

Für seine Bachelorarbeit hat Mario zahlreiche Fachaufsätze der renommierten Forscher Hasenpeter und Etzenkiel gelesen. Für deren Forschungsgebiet interessiert er sich sehr. Im Rahmen seiner Internetrecherche findet er heraus, dass an den Universitäten der beiden Professoren zwei forschungsorientierte Masterprogramme angeboten werden, bei denen diese Professoren einen Teil der Veranstaltungen halten. Für Mario ist das die beste Wahl.

Natürlich werden Sie auch die **Webseiten von interessanten Hochschulen** besuchen. Wenn Sie auch international suchen, werden Sie schnell sehen, dass die Hochschulwebseiten in vielen Nachbarländern wie Großbritannien, Skandinavien oder den Niederlanden häufig ansprechender und übersichtlicher sind als die deutschen. Gute Hochschulen in diesen Ländern investieren viel Zeit und Geld in gute Öffentlichkeitsarbeit und stellen Ihnen gerne umfassende Informationen zur Verfügung, die in vielen Fällen überraschend ausgewogen sind. Leider hat sich eine solche Kultur an vielen deutschsprachigen Hochschulen noch nicht durchsetzen können.

Eine **veraltete Netzpräsenz** bedeutet jedoch nicht automatisch, dass die Lehre der Fakultät schlecht ist. Schlecht aufbereitete Informationen über einen Studiengang sollten Sie daher aufmuntern, mehr über die Fakultät und ihre Präsentationsschwäche zu erfahren. Stellt sich bei genauerem Nachforschen heraus, dass die schlechte Darstellung des Angebots die Qualität der Lehre spiegelt, können Sie dieses Angebot immer noch von Ihrer Liste streichen. Von vornherein ausschließen sollten Sie das Lehrangebot jedoch nicht.

Es gibt in regelmäßigen Abständen sog. Verlagsbeilagen einschlägiger Studierenden- und Wochenzeitschriften. Lesen Sie sie – doch bleiben Sie kritisch. Mitunter geben Artikel in **Karrieremagazinen** nur die Inhalte von Pressemitteilungen wieder. Oft wird Anzeigenkunden mit positiven Artikeln „gedankt". Hinzu kommt eine den Karrieremagazinen eigene Dynamik: Für jede Tageszeitung gilt: Schlechte Nachrichten sind gute Nachrichten. Der Leser möchte wissen, was anderen Schlechtes widerfahren ist. Bei Karrieremagazinen ist es jedoch anders: Denn im Mittelpunkt der Berichterstattung stehen ja nicht andere, sondern Sie und Ihr Fortkommen. Niemand liest gerne Schlechtes über seine eigenen Studien- und Berufsaussichten. Aus diesen Gründen tendieren Karrierezeitschriften dazu, in ihrer Berichterstattung über Universitäten und Masterstudiengänge maßlos zu übertreiben und auch Selbstverständlichkeiten als wertvolle Vorteile hinzustellen. Daher ist es auch hier wichtig, Gelesenes differenziert zu hinterfragen.

4.2.3.2 Hochschulmessen

Weiterhin gibt es eine Reihe von **Hochschulmessen**. Ich weiß das allzu gut, denn ich trete auf vielen Mastermessen mit Expertenvorträgen auf. Ganz besonders möchte ich Ihnen dabei zwei Messen ans Herz legen: Die **Master and More** sowie den **Master Day Business & Economics**. Die Master and More ist die größte und erfolgreichste Mastermesse in Deutschland. Sie finden Hochschulen aus ganz Europa, die alle Fachrichtungen anbieten. Der Master Day ist kleiner – und richtet sich, wie der Titel schon sagt, vor allem an Wirtschaftswissenschaftler. Beide Messen bieten ein umfangreiches Vortragsprogramm.

Ein Besuch lohnt immer, sollte aber entsprechend vorbereitet werden: mit **kritischen Fragen** zu den angebotenen Programmen (z. B.

die in ▶ Abschn. 4.4.5) und einer genauen Besuchsplanung mithilfe eines Ausstellerverzeichnisses (liefert der ausrichtende Veranstalter).

Was Sie allerdings wissen müssen: Die meisten Mastermessen sind **privatwirtschaftlich** organisiert. Das bedeutet, dass Hochschulen sehr viel Geld für ihren Auftritt vor Studierenden bezahlen müssen. Das bedeutet im Umkehrschluss, dass auf Mastermessen in erster Linie Hochschulen mit einem hohen Werbeetat auftreten. Sie finden also besonders viele Private. Bleiben Sie daher kritisch. Wichtig sind nicht die farbigen Hochglanzprospekte der werbenden Hochschulen und auch die markigen Sprüche anderer Messeteilnehmer sind irrelevant. Das, was zählt, sind Ihr persönlicher Eindruck und Ihr Eindruck von den angebotenen Studiengängen.

▶ Master & More: www.master-and-more.de
▶ Master Day Business & Economics: www.master-day.de

4.2.3.3 Persönliche Kontakte nutzen

Nichts ist bei Ihrer Suche so wertvoll wie ein gutes Gespräch. Ich erwähne diesen Tipp immer wieder, weil er mir so wichtig ist. **Sprechen Sie mit aktuellen Studierenden!** Diese kennen Ihre Situation, haben eine ähnliche Perspektive. Sie haben und hatten dieselben Fragen und Probleme wie Sie. Vielleicht kennen Sie persönlich einige Studierende in höheren Semestern. Sprechen Sie sie an.

Und falls Sie niemanden kennen: Nutzen Sie **soziale Netze**! Auf professionellen Netzwerken wie Xing oder LinkedIn finden Sie leicht aktuelle Studierende und Alumni. Es kann sein, dass Sie sich dafür temporär einen Premiumaccount einrichten müssen – aber das lohnt sich. Besser 20 Euro ausgeben und dafür bei einer der wichtigsten Entscheidungen Ihres Lebens auf der richtigen Seite stehen. Sie können sich natürlich auch an die Mitglieder von Fachschaften wenden – hier sitzen häufig engagierte Studierende.

Vielleicht haben Sie etwas Scheu, einfach fremde Leute anzusprechen. Seien Sie sich bewusst: **Leute werden gerne um Rat gebeten.** Eine Bitte um persönlichen Rat ist immer schmeichelhaft. Wenn Sie aktuelle Studierende kontaktieren, sollten Sie übrigens unbedingt eine Frage stellen: „Würdest du dich wieder für den Master und die Hochschule entscheiden?" Im Weiteren können Sie alles fragen, was Ihnen auf dem Herzen liegt.

Beispiel

Esra möchte einen Master an einer international renommierten Business School machen. Dafür ist sie auch bereit, einen hohen Kredit aufzunehmen in der Hoffnung, dass im Anschluss ein gut bezahlter Job winkt. Als sie die Zusage der Hulk Hogan Business School erhält, ist sie zunächst überglücklich. Doch um sicher zu gehen, kontaktiert sie eine Reihe aktueller Studierender – und wird negativ überrascht: Offenbar ist die Business School ein Sammelbecken für Söhne und Töchter reicher Oligarchen und Scheichs, die vor allem mit Geld und weniger durch Kompetenz überzeugen. Esra entscheidet sich daher lieber für eine weniger teure und fundiertere Alternative.

▶ www.xing.de
▶ www.linkedin.com

▶ Google Scholar: http://
scholar.google.com

Ein letzter, aber ungemein wichtiger Weg zur Informationsgewinnung sind die **Professoren** Ihrer eigenen Fakultät. Diese können Ihnen über persönliche Kontakte helfen, ein realistisches Bild der Zielhochschule zu gewinnen. Haben Sie ein interessantes Masterprogramm gefunden, so erstellen Sie eine Liste der dort unterrichtenden Professoren und gleichen diese Liste mit den Publikationslisten und Lebensläufen der Professoren Ihrer Fakultät ab. Oft haben einige von ihnen bereits gemeinsam veröffentlicht. Das können Sie über „Google Scholar" herausfinden. Sprechen Sie diese Professoren an Ihrer Hochschule an und fragen Sie, ob man Ihnen bezüglich Ihres gewünschten Masterprogrammes weiterhelfen kann.

Beispiel

Jamal interessiert sich für einen Masterstudiengang an der Uni Z. Er sucht sich die Namen seiner Professoren sowie der Lehrenden an der Zielhochschule heraus. Dann gibt er alle möglichen Paarungen bei „Google Scholar" ein. Dabei findet er bereits ein Professorenpaar, das gemeinsam veröffentlicht hat. Doch das reicht ihm nicht: Er erstellt über die Favoritenfunktion seines Browsers zwei Listen mit allen Lebensläufen und Publikationslisten der Professoren seiner derzeitigen Fakultät und der Zielfakultät der Uni Z. Er nimmt sich eine Stunde Zeit, arbeitet diese Dokumente konzentriert durch und notiert sich Gemeinsamkeiten. Am Ende hat er drei Professorenpaare ausfindig gemacht, die bereits gemeinsam publiziert bzw. in jungen Jahren zeitgleich am gleichen Institut gearbeitet haben. Bei einem Gesprächstermin mit einem Professor seiner Uni spricht er diesen darauf an, ob er den Gegenpart an der Uni Z. kenne. Nach dem Gespräch schreibt Jamal diesen in einem Brief an und bittet ihn um ein Gespräch. Die Türöffnerformel lautet: „Auf Empfehlung von Professor A. von der Uni B. wende ich mich an Sie." Eine offene Reaktion ist ihm garantiert, da der Professor der Uni Z. lieber einem Studierenden Auskunft gibt als einen alten Bekannten zu verärgern.

4.2.3.4 Besuch an der Zielhochschule

Als dritten und letzten Schritt empfehle ich einen **Besuch an der Zielhochschule**. Reisen kostet Geld. Aber keine Informationsbroschüre und kein Professorengespräch, kein Zeitungsartikel und kein Telefonat können Ihnen einen so authentischen Eindruck der Zielhochschule vermitteln wie ein Besuch auf dem Campus. Es ist besser, Sie investieren ein wenig Geld in eine Reise zur Zielhochschule, als zwei Jahre lang im falschen Programm oder an der falschen Hochschule zu studieren. Dabei gilt es, die bereits gesammelten Informationen auf ihren Wahrheitsgehalt zu überprüfen. Ein Besuch an der Zielhochschule ist daher für Ihre ausgewogene Entscheidung wichtig. Damit sich die Investition der Fahrtkosten lohnt, muss ein Besuch gut vorbereitet sein. Wie, das erkläre ich Ihnen im nachfolgenden Abschnitt.

Fast alle Fachhochschulen und Universitäten bieten sog. **Hochschul-informationstage** an – oft gibt es spezialisierte Tage nur für den Master. Das sind Tage der offenen Tür, an denen sich die Hochschule externen Besuchern öffnet und sich und ihre Programme vorstellt. Achten Sie darauf, dass diese Informationstage meist sehr früh im akademischen Jahr stattfinden. Ich empfehle Ihnen sehr, einen solchen Informationstag zu besuchen. Aber auch ein Besuch während des normalen Vorlesungsbetriebs kann sich lohnen – mitunter erhalten Sie sogar ein realistischeres Bild.

Versuchen Sie bei Ihrer Anwesenheit, möglichst aus vielen Bereichen der Hochschule **Kontakte** zu gewinnen: also nicht nur Professoren, sondern auch wissenschaftliche Mitarbeiter, Studierende, Fachschaften, Verwaltungs- und Dekanatsmitarbeiter, Asta-Mitglieder, Hausmeister etc. Falls Sie Fahrgemeinschaften bilden, bietet sich auch eine Aufteilung der Gespräche an.

Wichtig ist ein **Gesprächstermin mit einem Hochschullehrer**. Das halten Sie nicht für möglich? Vielleicht weil Sie in Ihrem Bachelorstudiengang bisher 4 Wochen auf einen Sprechstundentermin warten mussten und der Dozent dann krank war? Nun, Dozenten interessieren sich weitaus mehr für Masterstudierende als für jüngere Kommilitonen. Der Grund: Im Master arbeiten Sie meist weitaus enger mit den Professoren zusammen – und um gute Bewerber wird gekämpft. Dies bedeutet im Umkehrschluss: Die Hochschule, an der Sie wegen eines geplanten Masterstudiums nicht innerhalb von 2 Wochen einen Termin bei einem Professor erhalten, nimmt ihre Masterprogramme und Studierenden nicht ernst.

Planen Sie Ihren Besuch, indem Sie Termine verbindlich vereinbaren. Die höchste **Terminverbindlichkeit** erreichen Sie, indem Sie Termine telefonisch vereinbaren und per E-Mail bestätigen. In Ihrer Bestätigungsnachricht bitten Sie um eine schriftliche Rückbestätigung per E-Mail. Bei Terminen mit Professoren vereinbaren Sie Termine telefonisch über das Sekretariat und geben das Sekretariat immer als Zweitempfänger der E-Mail an. Ein Gespräch mit Professoren ist weiterhin wichtig, damit Sie diese später über Ihre Bewerbung informieren können. Wenn Sie im Gespräch einen guten Eindruck hinterlassen und Ihren Ansprechpartner später auf Ihre Bewerbung hinweisen, wird Ihre Bewerbung nicht untergehen und vielleicht sogar wohlwollend geprüft.

ⓘ Die Zeiteinteilung Ihres Besuches sollten Sie im Voraus planen und gewichten. Ich empfehle etwa ein Drittel Gespräche mit Studierenden und ein Drittel Gespräche mit Verwaltung und Lehrkörper. Das letzte Drittel sollten Sie bewusst für zufällige Begegnungen einplanen. Setzen Sie sich in die Cafeteria des Fachbereichs und sprechen Sie Studierende an, die dort studieren. Studierende sind auskunftswillig und bei einem Kaffee erfahren Sie oft viel mehr als in einem verkrampften Gespräch mit Dozenten. Denken Sie daran, sich die Kontaktdaten Ihrer spontanen Bekanntschaften zu notieren. Denn vielleicht werden Sie nach Ihrem Besuch noch Rückfragen haben.

4

Planen Sie Ihren Besuch genau und notieren Sie sich im Voraus Fragen, die Sie klären möchten. Anregungen dazu gebe ich Ihnen im nächsten Unterkapitel (▸ Abschn. 4.3). Wichtig ist, dass Sie Informationen stets kritisch hinterfragen. Sie werden erstaunt sein, wie leicht Sie mit konkreten Fragen aufdecken können, ob eine Hochschule ihre Masterprogramme ernsthaft betreibt oder nicht. Bleiben die Antworten der Mitarbeiter enttäuschend generell und unverbindlich oder werden sie sogar unwirsch, rate ich Ihnen, Abstand von dem Programm zu nehmen. Dort werden Sie als Studierender nicht ernst genommen und könnten wichtige Jahre Ihrer Ausbildung verschwenden. An der ernsthaften Einstellung der Studierenden und Mitarbeiter zu den eigenen Masterprogrammen werden Sie schnell merken, ob eine Hochschule ein gutes Studium anbietet oder nicht.

Am Ende Ihres Besuches sollten Sie ein stichpunktartiges schriftliches Fazit ziehen – und ihre Eindrücke mit den Werbeversprechen vergleichen. Das machen Sie am besten schon direkt auf der Rückfahrt, wenn die Erinnerungen noch frisch sind. Je länger Sie damit warten, desto verzerrter sind Ihre Eindrücke.

Am Ende Ihrer gesamten Recherche stellen Sie eine **Tabelle** mit allen Masterstudiengängen und ihren Prioritäten zusammen, auf der Sie genau vermerken, welche Stärken und Schwächen der jeweilige Studiengang aufweist. Klar ist: Kein Studiengang ist perfekt. Daher ist es wichtig, sich mit den Stärken und Schwächen der Angebote genau auseinanderzusetzen, um eine realistische Entscheidung zu treffen.

Master nach Plan
- Ordnen Sie Ihre Gedanken und Präferenzen in einer Liste. Definieren Sie dabei Ihr Hauptziel.
- Sprechen Sie mit aktuellen Studierenden und Alumni. Nutzen Sie soziale Netzwerke, um Kontakte zu finden.
- Besuchen Sie die Hochschule und sprechen Sie mit Lehrenden.
- Generell gilt: Je mehr man auf Sie eingeht, desto besser ist der Umgang mit Studierenden.

4.3 Die passende Ausrichtung der Hochschule und Fakultät

Auf Ihrer Suche nach einem geeigneten Studiengang müssen Sie viele Aspekte beachten: Denn was nützen gute Studienleistungen, wenn der Ruf Ihrer Hochschule verheerend ist? Nicht viel. Ebenso wenig hilft ein hoch theoretisches Studium an einer Universität, wenn Sie doch eigentlich später in der Vertriebsabteilung eines Mittelständlers arbeiten möchten.

Auf den nächsten Seiten helfe ich Ihnen, eine Entscheidung für die für Sie richtige Hochschulform zu treffen. Auch zeige ich Ihnen, wie Sie die verschiedenen Rankings interpretieren und einordnen können.

4.3.1 Universität oder Fachhochschule?

Durch die Einführung von Bachelor und Master sind **Universitäten und Fachhochschulen** näher aneinandergerückt. Zwar verdient man mit einem Universitätsabschluss im Schnitt etwas mehr – die strikte Aufteilung, die Ihre Eltern vielleicht noch kennen, gibt es heute jedoch so nicht mehr. Es zählt in erster Linie das Renommee einer Hochschule. Das kann auch bedeuten, dass Sie mit dem Abschluss einer renommierten deutschen Fachhochschule auf dem deutschen Arbeitsmarkt bessere Chancen und Einstiegsgehälter erzielen können als mit dem Abschluss einer unbekannten ausländischen Universität. Wovon hängt also die Entscheidung ab? Einerseits vom Inhalt (▶ Abschn. 4.4.2), andererseits von Ihren beruflichen Vorstellungen (▶ Abschn. 4.5).

Grundsätzlich gilt daher: Planen Sie eine **wissenschaftliche Karriere** oder eine Promotion (▶ Abschn. 4.5), rate ich klar zu einem wissenschaftlich orientierten Masterstudiengang einer Universität. Zwar ist es möglich, mit einem FH-Abschluss zu promovieren, nur sind die Hürden größer. Die Annahme eines Studierenden zur Promotion obliegt dem jeweiligen Lehrstuhl und der Fakultät, die mitunter Universitätsabsolventen bevorzugen. Es ist zudem denkbar, dass Sie mit einem FH-Master vor der Promotion einige Lehrveranstaltungen nachholen müssen. Daher ist ein Masterabschluss einer Fachhochschule vor allem dann sinnvoll, wenn Sie sich weitgehend sicher sind, nach dem Studium nicht im Wissenschaftsbetrieb arbeiten zu wollen.

Viele Studierende träumen davon, für **internationale Organisationen** wie die EU, die Vereinten Nationen oder die Weltbank zu arbeiten. Hier wird stark auf Ihre akademischen Fähigkeiten geachtet. Wenn Sie von einer international renommierten Universität kommen, haben Sie deutlich bessere Karten als mit einem FH-Abschluss.

Planen Sie einen direkten Berufseinstieg in die Privatwirtschaft, können Sie beide Hochschularten wählen. Das gilt auch für den öffentlichen Dienst: Hier qualifizieren Masterabschlüsse von FH und Universität **gleichermaßen zum höheren Dienst**. Gerade Bundesministerien rekrutierten aber nach meiner Erfahrung deutlich lieber von Universitäten.

Doch was ist, wenn Sie **mit einem FH-Bachelor an die Uni** möchten? Mit einem FH-Bachelor sind Sie definitiv berechtigt, sich für ein Masterstudium an einer Universität zu bewerben – das gilt sogar für entsprechend akkreditierte Bachelorabschlüsse von Berufsakademien. Leider gibt es einen Haken: Viele Universitäten stellen im Kleingedruckten Hürden auf, die für Bachelorabsolventen nur schwer zu knacken sind. Sie verlangen typischerweise eine bestimmte Anzahl an ECTS-Punkten (▶ Abschn. 2.1.1) im quantitativen Bereich – wohlwissend, dass man an der FH weniger entsprechende Kurse hat. Diese Richtlinien stehen meist irgendwo im Kleingedruckten. Mich haben schon verzweifelte Bewerber angesprochen, die an 7 oder 8 Universitäten abgelehnt worden waren, weil ihnen Punkte fehlten. Diese Leute hatten das jeweilige Kleingedruckte nicht gelesen. Ist es also unmöglich, mit einem FH-Bachelor an die Uni zu wechseln? Nein! Ich kenne persönlich viele Fälle, in denen es geklappt hat. Informieren Sie sich nur vorher gut und bewerben Sie sich dort, wo Sie auch die Kriterien erfüllen (▶ Abschn. 5.1.1).

Wichtig ist aber: Das Programm steht im Mittelpunkt. Haben Sie ein Masterprogramm gefunden, das genau zu Ihren Interessen passt, und das auch zu halten scheint, was es verspricht, dann sollten Sie sich dort bewerben, egal, ob es sich um eine FH oder um eine Universität handelt.

4.3.2 Privathochschulen

In den vergangenen 10 Jahren ist die Zahl **privater Hochschulen** in Deutschland deutlich gestiegen. Rechtlich besteht zwischen staatlich anerkannten Abschlüssen öffentlicher und privater Hochschulen kein Unterschied. Ihre Abschlüsse besitzen die gleiche Gültigkeit. Die meisten privaten Hochschulen konzentrieren sich auf bestimmte Fächergruppen – meist Betriebswirtschaftslehre, aber auch Jura, Kunst oder Politik. Der überwiegende Anteil privater Hochschulen hat dagegen den Status einer Fachhochschule.

Nach meiner Erfahrung gibt es drei Arten an Privathochschulen: Elite, smarte Lückenfüller – und Blender. Um bei Privathochschulen die **Spreu vom Weizen** zu trennen, lohnt also ein kritischer Blick. Für die Qualität der Lehre können Sie Rankings und Akkreditierungen heranziehen. Und: Kontaktieren Sie unbedingt aktuelle Studierende und Alumni (▶ Abschn. 4.2.1). Gerade Privathochschulen werben oft mit den beruflichen Erfolgen ihrer Top-Absolventen. Diese Erfolge haben Top-Absolventen öffentlicher Hochschulen jedoch auch. Der berufliche Erfolg ergibt sich aus Leistungsbereitschaft und Können, nicht jedoch aus der ausschließlichen Tatsache, an einer Privathochschule studiert zu haben.

ℹ Seien Sie sich bewusst: Bei privaten Hochschulen ist eine wohlwollende Leistungsbeurteilung häufig im Preis miteinbegriffen. Und das wissen auch Arbeitgeber.

4.3.2.1 **Typ 1: Elite**

Es gibt großartige Privathochschulen, die Ihnen gute Betreuung, hervorragende Lehre, Kontakte in die Wirtschaft sowie ein dickes **Plus im Lebenslauf** bieten. Zu diesen gehören u. a. die WHU in Vallendar, die Bucerius Law School, die ZU Friedrichshafen oder Witten/Herdecke. Gemeinsam ist ihnen, dass sie ihre Studierenden hart auswählen – und dass sie sich ihren Service viel Geld kosten lassen. Häufig sind diese Hochschulen klein und bilden eingeschworene Gemeinschaften, die einander auch später noch nach Kräften unterstützen. Wenn Sie sich die Studiengebühren leisten können und auch sozial das Gefühl haben, sich an einer solchen Hochschule wohl fühlen zu können, ist eine solche Privathochschule für Sie die richtige Wahl.

4.3.2.2 Typ 2: Smarte Lückenfüller

Staatliche Hochschulen mögen qualitativ gute Lehre bieten – besonders flexibel sind sie nicht. So ist das Angebot an Studiengängen, die man neben dem Beruf studieren kann, staatlicherseits sehr begrenzt. Auch bei bestimmten Studienrichtungen wie Wirtschaftspsychologie reagieren staatliche Hochschulen nur langsam auf die große Nachfrage. Und bei praxisorientierten weiterbildenden Programmen sieht es staatlicherseits ebenfalls mau aus. Auf diese Lücken reagieren Privathochschulen. Diese „Lückenfüller" mögen keine bessere Lehre anbieten als staatliche Hochschulen, sie sind vielleicht auch im Lebenslauf nicht besser – dafür bieten sie vielleicht genau die **Inhalte und Studienmodelle**, die Sie suchen. Wenn ich also von „Lückenfüllern" spreche, meine ich das nicht despektierlich, sondern anerkennend: Diese Hochschulen erkennen ein Problem und lösen es auf ihre Weise. Positive Beispiele hierfür ist die FOM Hochschule oder die Steinbeis-Hochschule.

4.3.2.3 Typ 3: Blender

Es gibt eine Reihe von Privathochschulen, bei denen es qualitativ viel Luft nach oben gibt. Häufig werden Studierenden angezogen, die an der Aufnahme an einer guten staatlichen Hochschule gescheitert sind – oder solche, die sich von bunten Prospekten und **großartigen Versprechen** haben blenden lassen. In der Realität ist die Lehre dann zweitklassig und das Niveau so gering, dass sich auch wenig talentierte Studierende kaum anstrengen müssen. Die Auswahlverfahren gleichen potemkinschen Dörfern: Jeder, der zahlen kann, wird genommen. Aufnahmetests sollen eine gewisse Exklusivität simulieren, eine Auswahl im eigentlichen Sinne findet kaum statt. Kurz: Bei den Blendern zahlen Sie Geld für eine Leistung, die Sie in besserer Qualität gebührenfrei bekommen würden. Ein wahrlich schlechter Deal.

Ich spreche häufig mit **verzweifelten Absolventen** solcher Hochschulen, die dann Schwierigkeiten haben, einen Master zu finden. Auch habe ich schon erlebt, wie Absolventen solcher Studiengänge eine gefühlte Ewigkeit nach einem Job suchten, weil Arbeitgeber ihre Abschlüsse als minderwertig betrachtet haben – nach dem Motto: „Die hat es ja nur des Geldes wegen geschafft."

Ich kann hier natürlich keine Namen nennen. Aber wenn Sie ein wenig recherchieren und Absolventen ansprechen, werden Sie schnell feststellen, um was für eine Institution es sich bei Ihrer Zielhochschule handelt.

Beispiel

Katharina hat nur einen mittelmäßigen Notenschnitt im Bachelor, möchte aber unbedingt einen Master machen. Eine Privathochschule wirbt damit, dass es nicht auf die Note ankomme, man würde hauptsächlich einem eigenen Testverfahren vertrauen. Und siehe da: Katarina wird genommen. Aus dem Gefühl heraus, dass dies ihre einzige Alternative sei, bewirbt sie sich gar nicht erst bei anderen Hochschulen. Für das Studium nimmt sie einen Kredit auf. Nach ihrem Abschluss hat sie lange Zeit Probleme, einen Job zu finden – denn Arbeitgeber schätzen ihren Master als relativ wertlos ein. Hätte sie sich besser informiert und intensiver gesucht, hätte sie einen besseren Master finden können – und das, ohne sich zu verschulden.

4.3.3 Hochschulrankings

Liebe Leser, wenn Sie sich erhoffen, durch Rankings herauszufinden, welche Hochschule die beste von allen ist, muss ich Sie enttäuschen. Auch wenn die meisten **Rankings** es vorgeben: Die beste Hochschule gibt es nicht. Vielmehr gibt es für Sie individuell passende Hochschulen. Oft vermitteln Bestenlisten einen Eindruck von Genauigkeit, die überhaupt nicht zu erreichen ist. Der Grund dafür liegt auf der Hand: Jeder Studierende hat andere Interessen, und nicht jede persönliche Vorliebe entspricht dem Bewertungsmaßstab eines Rankings. Und was genau macht den Unterschied zwischen Platz 11 und Platz 12 aus? Mitunter vielleicht nur zwei zusätzlich veröffentlichte Artikel in einer Fachzeitschrift.

> ℹ Aus drei Gründen sind Rankings dennoch wichtig:
> 1. Sie erhalten wichtige Anhaltspunkte über die Qualität von Lehre, Forschung und Betreuung, die Sie mit Ihren eigenen Erfahrungen vergleichen können.
> 2. Sie erhalten einen Eindruck über die Reputation von Hochschulen. Seien Sie sich sicher, dass auch Ihre zukünftigen Arbeitgeber Rankings lesen!
> 3. Ein vorderer Platz in einem bedeutenden Ranking kann auch als selbsterfüllende Prophezeiung die Qualität einer Hochschule verbessern: Gute Studierende und Hochschullehrer werden angezogen, Drittmittel großzügiger gewährt.

International betrachtet sind Rankings fast ausschließlich als Bestenlisten angelegt: Universität X ist die beste, Y die zweitbeste und Z die dritte. Oft wird auch nach Fächern differenziert. Ich rate Ihnen, vor Ihrer Entscheidung für oder gegen ein Programm die entsprechenden Rankings zu lesen – aber vor allem die richtigen! Denn was nützt es Ihnen, an einer Universität zu studieren, an der viel veröffentlicht wird, man sich aber nicht um Sie kümmert und die Bibliothek schlecht ausgestattet ist?

▶ CHE-Ranking: www.ranking. zeit.de

Um es vorwegzunehmen: Für Sie als Studierende ist das **Hochschulranking des Centrums für Hochschulentwicklung (CHE)**, das jährlich von der *Zeit* veröffentlicht wird, am aussagekräftigsten. Das CHE-Ranking ermöglicht es Ihnen, frei Ihre Beurteilungskriterien zu wählen. Ihnen ist die wissenschaftliche Reputation egal, Sie suchen aber nach einer guten Bibliothek und idealer Betreuung? Oder es geht Ihnen einzig darum, wie zufrieden die Studierenden an der Universität sind? Mit dem CHE-Hochschulranking können Sie Ihre Kriterien frei kombinie-ren. Gleichzeitig unterteilt das CHE nach Spitzen-, Mittel- und Schluss-gruppe, anstatt einzelne Rangplätze zu vergeben. Diese Art der Dar-stellung ist anderen Aufteilungen gegenüber überlegen. Wie bei allen Rankings gibt es auch hier Kritik – die kommt aber vor allem von Hoch-schulen, die nicht so gut abschneiden, wie sie es sich wünschen. Das CHE-Ranking bezieht die meisten Hochschulen in Deutschland, Öster-reich und der Schweiz mit ein.

Bei der **Exzellenzinitiative** der Bundesregierung handelt es sich weniger um ein Ranking als um einen Club der Besten. Die ausgewähl-ten Universitäten erhalten nicht nur mehr Geld, sie erhalten auch mehr Aufmerksamkeit. Und dies sollten Sie nicht unterschätzen! Zwar ist die Qualität der Lehre kein Bewertungsfaktor. Trotzdem ist der Gewinn an Reputation groß – und außerdem werden von den erhöhten Geldmit-teln viele zusätzliche Stellen geschaffen, was auch Ihnen zugutekommt.

► Bundesministerium für Bildung und Forschung: www.bmbf.de

Das für Sie wichtigste weltweite Ranking ist das **Times Higher Edu-cation World University Ranking** – ein wahrlich sperriger Name. Das Ranking ist als Bestenliste aufgebaut –und zwar von Platz 1 bis 500. Das Hauptkriterium ist hier die Forschungsstärke der Hochschulen. Die Qualität der Lehre fließt mit etwa einem Drittel in die Wertung ein. Es wurden auch Spezialrankings für bestimmte Fachbereiche wie Sozial-, Geistes- oder Gesundheitswissenschaften geschaffen. Ein Blick lohnt sich!

► Times World University Ranking: www.timeshighereducation.co.uk/

Wenn Sie übrigens in das World University Ranking schauen, werden Sie sehen: **Deutschland schneidet vergleichsweise schlecht ab**, zumindest gemessen an seiner Größe. Dafür gibt es drei Gründe:
1. Ein großer Teil der Forschung in Deutschland findet nicht an Universitäten, sondern an externen Forschungsinstituten statt – und dies wird in den Rankings nicht berücksichtigt.
2. Deutsche Universitäten sind in der Forschung teils weniger produktiv als angelsächsische.
3. Veröffentlichungen englischsprachiger Universitäten werden bereits deswegen öfter zitiert, weil sie durchweg englischsprachig sind.

Ein weiteres empfehlenswertes weltweites Ranking ist das **U-Multirank**. Hier können Sie Hochschulen international nach vielen Kriterien ver-gleichen – z. B. die Studierendenzufriedenheit, die internationale Orien-tierung und die Betreuungsrelationen. Zum Zeitpunkt der Druckle-gung wies das U-Multirank allerdings noch große Lücken auf. Für viele Kategorien gab es nicht ausreichend Daten und eine große Reihe von Hochschulen fehlte ganz. Wenn Sie Glück haben, hat sich dies inzwi-schen verbessert.

► U-Multirank: http://www.umultirank.org/

Für **Business Schools und MBA** (► Abschn. 2.2.) gibt es spezielle Rankings. Die anerkanntesten sind hier die **Which MBA?-Rankings** vom *Economist* sowie die **Business School Rankings** der *Financial Times*. Beide Zeitschriften bieten dabei Bestenlisten für verschiedene Arten von Businessmastern und Zielgruppen an – beispielsweise zu Executive

► Which MBA?-Ranking: www.economist.com/whichmba
► Financial Times Rankings: http://rankings.ft.com/businessschoolrankings/

4

◘ Tab. 4.1 Die wichtigsten Hochschulrankings im Vergleich

Ranking	Region	Fachbereiche	Form	Was und wie wird bewertet?
CHE-Ranking	Deutschland, Österreich, Schweiz, Niederlande	Übergreifend mit Aufschlüsselung nach Fachbereichen	Keine Rangliste, Einteilung in Spitzen-, Mittel- und Schlussgruppe	Studiensituation, Betreuung, Bibliotheksausstattung, Publikationen, Reputation bei Professoren. Befragung von Studierenden und Lehrenden; Lehre im Mittelpunkt
Exzellenzinitiative der Bundesregierung	Deutschland	Übergreifend, keine Aufschlüsselung	Club	Reines Forschungsranking; aufgenommen werden die besten Forschungsstandorte
Times Higher Education World University Ranking	Welt	Übergreifend mit Aufschlüsselung nach einzelnen Fächergruppen	Rangliste	Reputation innerhalb der Fachcommunity, Zitierungen, Betreuungsintensität; hauptsächlich Forschungsranking
U-Multirank	Welt (lückenhafte Abdeckung)	Übergreifend mit Aufschlüsselung nach bestimmten Fachbereichen	Keine Rangliste, sondern Vergleich von einzelnen Charakteristika	Lehre, Studierendenzufriedenheit, Bibliothek, Internationalität etc.
Which MBA?	Welt	Verschiedene MBA (nur große Programme werden bewertet)	Ranglisten	Karriere der Absolventen, Bewertung der Alumni, Lohnzuwachs, Qualität der Alumninetzwerke
Financial Times Business School Rankings	Welt	MBA und Managementmaster	Ranglisten	Studierendenzufriedenheit, Gehälter, Forschung

MBA, Master in Management oder Online MBA. Sollten Sie also einen Managementmaster oder einen MBA machen wollen, sollten Sie sich beide Rankings anschauen.

In ◘ Tab. 4.1 finden Sie noch einmal die wichtigsten Hochschulrankings im Vergleich.

Master nach Plan

— Für eine wissenschaftliche Karriere und den Einstieg in internationale Organisationen ist ein Universitätsabschluss besser

— Bei privaten Hochschulen geht die Qualität krass auseinander – manche sind besser, viele andere dagegen sind schlechter als staatliche

— Schauen Sie in mehrere Hochschulrankings – nehmen Sie sie aber nicht als einziges Auswahlkriterium

4.4 Qualitätsanalyse: Ihr Studiengang auf dem Prüfstand

Wie gut ist Ihr Master genau? Als Außenstehender ist das nur schwer zu bewerten. Ich möchte Ihnen im Folgenden einige Kriterien und Ideen an die Hand geben. Dabei nenne ich Ihnen zu allererst die drei wichtigsten Kriterien, nämlich Inhalt, Kommilitonen und Ort. In den folgenden Abschnitten gehe ich ins Detail. Klar ist: Sie werden immer irgendwo Kompromisse machen müssen. Die folgenden Ausführungen sollen Ihnen helfen, sie bewusst und an den richtigen Stellen zu machen.

Bei der Wahl des richtigen Masters gibt es eine große Reihe von Qualitätskriterien. Die meisten davon fallen in drei zentrale Gruppen: Den Inhalt (▶ Abschn. 4.4.2), die Kommilitonen (▶ Abschn. 4.4.3) und der Ort (▶ Abschn. 4.4.4). Was ich damit genau meine, erkläre ich Ihnen in den jeweiligen Abschnitten. Natürlich gibt es noch eine Reihe weiterer Kriterien (▶ Abschn. 4.4.7), die für Sie wichtig sein können, z. B. die Erfolgsquoten oder Zahlungsmodalitäten. Zu guter Letzt möchte ich Ihnen zeigen, mit welchen Werbephrasen Sie konfrontiert sein werden – und wie Sie hier gut nachhaken können. Zunächst aber möchte ich Ihnen erklären, warum es für Außenstehende häufig so schwer ist, die Qualität eines Programms zu evaluieren.

4.4.1 Informationsasymmetrie: Warum es als Außenstehender so schwer ist, ein Programm zu beurteilen

Zwischen Ihnen und der Hochschule besteht eine klassische **Informationsasymmetrie**: Die Hochschule weiß mehr als Sie und wird die Nachteile eines Programmes nicht offen zugeben. Vergleichen Sie es mit dem Kauf eines Gebrauchtwagens: Der Verkäufer des Wagens weiß über eventuelle Mängel besser Bescheid als Sie. Das ist allerdings kein Grund zum Verzweifeln: Denn genauso, wie es im Gebrauchtwagenhandel Mittel und Wege gibt, die Informationsasymmetrie zu reduzieren (z. B. TÜV-Plakette, Untersuchung durch Mechaniker, Garantien), haben Sie die Möglichkeit, das Masterprogramm im Voraus auf den Prüfstand zu stellen.

Wer nicht fragt, bleibt dumm: Wann immer Sie eine Unklarheit über angebotene Studieninhalte haben, sollten Sie sich mit Ihrer Frage an den entsprechenden Ansprechpartner der Hochschule wenden. Oft genügt schon ein einfaches Nachhaken zu Studieninhalten, um deren Schwächen und Stärken aufzudecken. Sollten Sie an keiner Stelle eine Antwort auf Ihre Fragen erhalten, ist auch dies ein guter Indikator für die Qualität des Studienganges: Denn keine Information ist auch eine Information. Wichtig ist, dass Sie Informationen von Menschen erhalten, die das System besser kennen als Sie.

Um das Bild vom Autokauf noch weiterzuspinnen: Die Rolle erfahrener Mechaniker nehmen im Falle von Masterprogrammen die Studierenden und Alumni des Studienganges ein. Diese kennen sich gut mit dem Programm aus, haben aber kein zwingendes Interesse daran, Sie um jeden Preis als Studierende zu werben. Sie sind neutrale Gutachter. Der Rolle der TÜV-Plakette und Garantie kommen gute Platzierungen in Rankings und die Akkreditierung durch Akkreditierungsagenturen (▶ Abschn. 2.4) nahe.

🛈 Studierende in Masterprogrammen mit hohen Studiengebühren – gerade an Privathochschulen – haben den Anreiz, eine bessere Meinung über das Programm zu kommunizieren als sie in Wirklichkeit haben: Schließlich wollen sie die teuer erkaufte Reputation der Hochschule nicht aufs Spiel setzen und loben Universität und Programm in den höchsten Tönen. Im Gegenzug neigen Studierende, die keine Studiengebühren zahlen, eher dazu, Hochschule und Programm in ihrer Qualität zu unterschätzen, weil ihnen der wahre Wert der Bildung oft nicht bewusst ist. Beziehen Sie dies in Ihre Überlegungen mit ein. Durch konkretes Nachhaken und Fragen nach Fakten decken Sie studentische Fehleinschätzungen schnell auf – wie Annika im folgenden Beispiel.

Beispiel

Alex, ein charismatischer Student aus dem Bereich Politikwissenschaften, preist vor der Besucherin Annika das neue Masterprogramm auf einer Campusführung als „international ausgerichtet, praxisorientiert und mit späterer Jobgarantie". Annika fragt nach Partnerabkommen mit ausländischen Universitäten und erfährt, dass erst zwei Abkommen für 60 Studierende bestehen und „drei weitere angedacht" sind. Sie erkundigt sich nach der Anzahl ausländischer Dozenten und erhält nur einen einzigen Namen, ein externer Praktiker mit Lehrauftrag. Sie interessiert sich für Praxiselemente wie Planspiele oder Unternehmenskontakte und erfährt, dass diese noch weitgehend in der Planungsphase sind. Damit ist ihre Entscheidung klar.

4.4.2   Der Inhalt

Der **Inhalt** Ihres Programms steht an erster Stelle. Immer. Machen Sie etwas, das Sie persönlich weiter bringt. Machen Sie etwas, das Sie interessiert. Machen Sie etwas, das Sie herausfordert, aber nicht überfordert. Der Inhalt ist natürlich sehr individuell. Ich möchte Ihnen dennoch einige Gedanken mitgeben.

Der erste Gedanke lautet: **Keine Angst!** Ich spreche viel mit Studierenden auf der Suche nach einem Master. Die häufigste Frage lautet: Wie sehen meine Jobchancen aus? Das geht so weit, dass mich Betriebswirte fragen, ob sie einen Accounting-Schwerpunkt wählen sollen, weil hier die Jobchancen angeblich besser seien als beim eigentlich bevorzugten Personal-Fokus. Mein Gegenargument: Sie werden dann einen guten Job bekommen, wenn Sie authentisch und leistungsstark sind. Und das sind Sie nur, wenn Sie etwas machen, hinter dem Sie mit vollem Herzen stehen.

Als zweites rate ich Ihnen: **Setzen Sie Ihre Schwerpunkte strategisch!** Vielleicht studieren Sie ein Studium, das am Arbeitsmarkt nicht ganz so nachgefragt ist – Literaturwissenschaften oder Anthropologie zum Beispiel. Gerade dann lohnt es sich, einen Schwerpunkt in Bereichen zu setzen, die auch professionell nachgefragt sind. Hier kann es sich um bestimmte Sprach- und Weltregionen handeln, aber auch um Themen, die aktuell diskutiert werden.

Und als drittes stelle ich die These auf: **Praxisorientierung ist überschätzt** – zumindest bei Studiengängen. Arbeitgeber meckern gerne über den mangelnden Praxisbezug des Studiums. Das ist aber ein Fehlschluss: In einem theoretischen Unistudium lernen Sie das Denken, nicht das Aufsetzen von professionellen Briefen. Wenn Sie also fundiert studieren und geistig herausgefordert werden, nehmen Sie viel mehr mit als mit Kursen, die Ihre „Soft Skills" trainieren sollen. Natürlich brauchen Sie auch Praxis. Aber die lernt man am allerbesten – in der Praxis. Durch Praktika, durch Engagement, durch Studierendenjobs. Lassen Sie sich nicht ins Bockshorn jagen von Leuten, die Ihnen „Soft Skills" als großartigen Teil des Studiums verkaufen. Das kann ein Plus für Sie sein, wenn Sie es haben wollen. Nötig ist es nicht.

4.4.2.1 Prüfungsordnungen lesen und interpretieren

Prüfungsordnungen geben Ihnen gute Auskunft über den **inhaltlichen Aufbau des Studiengangs**, der Sie interessiert. Die Prüfungsordnungen finden Sie im Regelfall auf der Seite der Hochschule. Prüfungsordnungen sind rechtlich bindend.

> Prüfungsordnungen sind fast immer ähnlich aufgebaut. Sie umfassen zumeist Regelungen zum Geltungsbereich, Studienaufbau, Studienschwerpunkten, Wahlmöglichkeiten, Prüfungsarten und Regelungen zur Anerkennung von Prüfungsleistungen anderer Hochschulen. Die einzelnen Paragrafen stellen Regeln für Ihr Studium auf. Innerhalb der Paragrafen kommen die allgemeinen Regelungen vor speziellen Regelungen und Ausnahmeregelungen.

Die Regelungen zu Studienaufbau, Studienschwerpunkten und Wahlmöglichkeiten sind besonders wichtig für Sie. Haben Sie keine Angst vor Paragrafenzeichen und Juristendeutsch: Meistens sind die Texte **verständlicher**, als sie zunächst erscheinen. Im Zweifel hilft lautes Vorlesen oder eine schriftliche Schematisierung einiger unverständlicher Klauseln.

Es ist wichtig, dass Sie sich mit der Prüfungsordnung Ihres Studienganges auskennen: Das deutsche Grundgesetz garantiert Ihnen durch das **Vorbehaltsprinzip**, dass die Hochschule nichts gegen Sie unternehmen darf, was nicht durch ihre (Prüfungs-)Ordnungen als Rechtsgrundlage begründet ist. Übrigens: In den Prüfungsordnungen ist auch geregelt, welche Wiederholungsmöglichkeiten Ihnen bei einer Prüfung eingeräumt werden. So können Sie bereits vor Ihrem Studium abschätzen, wie oft und vor allen Dingen wann Sie eine Prüfung wiederholen können – für alle Fälle.

Auch können Sie aus der Prüfungsordnung erkennen, wie hoch Ihre **Wahlfreiheit** im Studienverlauf ist. Gute Masterprogramme bestehen aus einem größeren Teil Pflichtveranstaltungen und einem kleineren Teil Wahlveranstaltungen. Skeptisch sollten Sie Studiengänge machen, in denen Sie komplette Wahlfreiheit haben: Es mag zwar hilfreich sein, sich die Rosinen herauszupicken, fördert aber nicht unbedingt die Bildung eines einheitlichen Qualifikationsprofils der Studierenden. Das andere Extrem, also eine komplette Vorgabe des Curriculums, ist selbstverständlich ebenfalls nicht wünschenswert.

4.4.2.2   Vorlesungsverzeichnis lesen und interpretieren

Ein weiterer wichtiger Faktor für die Wahl des richtigen Masterprogrammes ist der Inhalt und die aufbauende **Struktur der Lehrveranstaltungen**. Es ist daher wichtig, dass Sie sich bereits vor der Entscheidung mit den Vorlesungen auseinandersetzen, die Ihnen das Masterprogramm anbietet. So können Sie beispielsweise auch herausfinden, ob renommierte Hochschullehrer, mit denen die Hochschule eventuell wirbt, durchgehend Vorlesungen halten und Sie als Studierende davon profitieren.

Lehrveranstaltungen können auf unterschiedlichen **Niveaus** ansetzen. Den Anspruch eines Masterprogrammes erkennen Sie an den in den Lehrveranstaltungen verwendeten Lehrbüchern. Laden Sie sich ein kommentiertes Vorlesungsverzeichnis herunter und gehen Sie die Literaturlisten durch. Auch auf den Internetseiten der Lehrstühle sind meistens einschlägige Listen veröffentlicht; wenn nicht, fragen Sie bei den Sekretariaten nach. Ob ein verwendetes Lehrbuch in etwa dem von Ihnen erwünschten Niveau entspricht, können Sie dann beispielsweise mit einem wissenschaftlichen Mitarbeiter Ihrer derzeitigen Fakultät besprechen.

Auch im Falle der Literaturlisten gilt: Die Mitarbeiter der Lehrstühle sind allgemein sehr hilfsbereit und geben Ihnen mit Freuden Auskunft. Machen Sie sich also keine Sorgen und haken Sie notfalls noch einmal nach.

4.4.2.3   Zusammensetzung des Lehrkörpers

Der Inhalt Ihres Studiums wird nicht nur von den Überschriften der Vorlesungen bestimmt, sondern auch und gerade von den Dozenten. Die Zusammensetzung des Lehrkörpers ist also entscheidend.

Falls Sie sich für die wissenschaftlichen Master interessieren, sollten Sie kritisch die **Veröffentlichungslisten** der Professoren prüfen – und zwar nicht nur deren Länge, sondern auch Koautoren und die Reputation der Fachzeitschriften, in denen veröffentlicht wurde. Über das Internetangebot von „Google Scholar" können Sie leicht überprüfen, wie oft und in welchen Fachzeitschriften (wichtig!) ein Artikel von einem Lehrenden zitiert wurde.

▶ Google Scholar: http://scholar. google.com/

Die von **Studierenden wahrgenommene Qualität** der Lehre erfahren Sie aus den Evaluationen der Hochschulen. Manchmal werden diese veröffentlicht oder sind in den Dekanaten der Fakultäten einsehbar. Weitere Einblicke gibt ihnen das CHE-Ranking (▶ Abschn. 4.3.3). Darüber hinaus gibt es Webseiten, die Studierenden die Bewertung ihrer Hochschullehrer ermöglichen.

▶ Professorenbewertungsportal: www.meinprof.de

Kritisch sollten Sie werden, falls die Lehre in erster Linie von **externen Dozenten** betrieben wird, wie es gerade an Privathochschulen (▶ Abschn. 4.3.2) mitunter passiert. Das ist für Sie von großem Nachteil, da Lehrende, die vielleicht nach einem halben Jahr wieder weg sind, kaum nachhaltiges Interesse an Ihnen haben werden. Gut ist es allerdings für Sie, wenn ausgewählte externe Praktiker einzelne Lehrveranstaltungen anbieten.

Fragen Sie bei Ihrem ersten Besuch an der Uni nach, was der Lehrkörper für Studierende unternimmt. Einige Fragen, die Sie bei einem Besuch stellen können:

- Gibt es einen unkomplizierten direkten Draht zum Professor?
- Gibt es Tutorien?
- Bieten Lehrstühle informelle Treffen an, wie z. B. akademische Stammtische oder gemeinsame Besuche von Fachtagungen?
- Existiert ein Mentorenkonzept?
- Gibt es Hilfestellungen für Kontakte zur Wirtschaft und akademischen Welt?
- Wie schnell erhalten Sie einen Sprechstundentermin?

4.4.3 Ihre Kommilitonen

Nach meiner Erfahrung machen Ihre Kommilitonen etwa die **Hälfte Ihrer Lernerfahrung** aus. Sie kooperieren in Lerngruppen, diskutieren im Seminar (und im Café) – und Ihre Professoren stellen sich auf ihr Level ein. Studieren Sie mit engagierten, motivierten und leistungsstarken Leuten zusammen, werden auch Sie besser. Wenn Sie dagegen merken, dass Sie auch mit halber Kraft gute Noten erhalten können, werden Sie nur noch nachlässig arbeiten. Das gilt übrigens genauso für Ihren Job.

Ich selbst habe ja in Erfurt Staatswissenschaften studiert. Wahrlich keine weltbekannte Fakultät. Erfurt war allerdings die erste Universität in Deutschland, die komplett auf den Bachelor umgestellt hatte. Auch die Staatswissenschaften waren damals einmalig in Deutschland. Das Programm zog eine Reihe extrem engagierter und interessierter

Studierender an, von denen die meisten heute eine sehr gute Karriere machen. Die Professoren in Erfurt waren dagegen zwar gut, aber nicht anders als an jeder anderen vergleichbaren Universität. Wovon ich also besonders profitiert habe, war das einmalige Umfeld. Eine entsprechende Lehre hätte ich auch anderswo haben können.

Wenn Sie das Gefühl haben, dass Sie nicht an einem solch motivierenden Ort studieren – wechseln Sie!

4.4.3.1   Sprachkenntnisse Ihrer Kommilitonen

Falls Sie einen **englischsprachigen Master** machen möchten, sollten Sie prüfen, wie die Englischkenntnisse der Kommilitonen sind – das gilt für Master in Deutschland wie für welche im Ausland. Sind hier die Hürden zu lax, können Unterricht und Zusammenarbeit mit Ihren Kommilitonen massiv leiden. Fragen Sie daher, ob einschlägige Sprachzertifikate zwingende Zulassungsvoraussetzung für das Studium sind und erkundigen Sie sich bei aktuellen und früheren Kommilitonen, ob es ein harmonisches Zusammenleben gibt. Zwei Faktoren könnten Ihren Lernerfolg reduzieren:

- Der erste und wichtigste Faktor ist die **Lerndynamik** zwischen Dozenten und Studierenden. Denn wenn die Studierenden über nicht ausreichende Englischkenntnisse verfügen, werden Sie nur schlecht über den Inhalt des Unterrichts diskutieren können. Besprechungen bleiben dann oberflächlich, Inhalte werden nicht sorgfältig durchdacht – die Gruppe ist in der Regel nur so schnell wie das schwächste Glied.
- Ein zweiter Faktor sind die **Englischkenntnisse der Dozenten**: Nicht jeder Dozent kann gut Englisch – doch insbesondere an kleineren Hochschulen werden Dozenten von der Verwaltung dazu angehalten, Veranstaltungen auf Englisch zu halten. Dozenten mit zu schlechtem Englisch sind für alle Studierenden eine Qual.

🛈 Das allgemeine Sprachniveau zukünftiger Studierender in der Arbeitssprache des Masterstudiengangs erkennen Sie an den Sprachzugangsvoraussetzungen (▶ Abschn. 5.2.2 des Masterstudiengangs: für Englisch TOEFL, IELTS, für Französisch DELF/DALF, und für Deutsch TestDAF, DSD.

Beispiel

Eunike war enttäuscht: Nachdem sie ihre Prioritäten geordnet und aufwändig recherchiert hatte, hatte sie einen Masterstudiengang in internationaler Betriebswirtschaftslehre als Traumstudium im Visier. Die Werbeunterlagen sprachen von „internationalem Studium in offener Atmosphäre". Doch der Besuch einer Vorlesung während ihres Besuches offenbarte ganz andere Schwächen: Über die Hälfte der Studierenden kam von einer asiatischen Partneruniversität und bildete eine feste Gruppe. Aufgrund mangelnder Englischkenntnisse gab es keine Kommunikation zwischen dieser Gruppe und den restlichen Studierenden. Die Atmosphäre war wenig kommunikativ und eine produktive

Zusammenarbeit fand in den Veranstaltungen nicht statt. Für Eunike war nach dem Besuch auf dem Campus die Entscheidung klar.

4.4.3.2 Alumnivereine

Viele Masterstudiengänge werben mit ihren Ehemaligenvereinigungen. Diese **Alumninetzwerke** sollen den Absolventen den Einstieg in den Beruf erleichtern und ein schnelles berufliches Fortkommen ermöglichen. Prüfen Sie hier genau, seit wann dieses Netzwerk besteht, wie viele Mitglieder es umfasst und welche konkreten Aktivitäten angeboten werden (z. B. Netzwerkveranstaltungen, Kontaktbörsen). Lassen Sie sich die Kontaktdaten der Ansprechpartner geben und haken Sie nach: Alumnivereinigungen sind häufig noch jung – und werden mitunter von den Universitäten kaum oder gar nicht unterstützt. Als ehemaliger Vorsitzender eines Alumnivereins weiß ich, wovon ich spreche.

4.4.4 Der Ort

Vielleicht tragen Sie gerade eine Hose von Levi's. Oder Sie haben sich heute Morgen mit einer Zahnbürste von Braun die Zähne geputzt. Später gehen Sie vielleicht in Ihren Nike-Schuhen joggen. Oder Sie checken jetzt gerade schnell Ihre Nachrichten mit Ihrem iPhone. Was ich Ihnen mit diesen Beispielen sagen möchte: Marken umgeben uns. Und **Marken** lösen Vertrauen aus. Mit all den genannten Produkten verbinden viele ein positives Gefühl von Qualität, vielleicht auch gutem Design. Wir sind bereit, mehr Geld für ein Markenprodukt auszugeben als für ein No-Name-Produkt. Und dieses Markendenken gilt auch für Hochschulen. Überlegen Sie, was Sie mehr beeindrucken würde – wenn jemand einen Master in Regensburg macht oder wenn er nach Cambridge geht. Die Antwort ist klar.

Für Ihren Lebenslauf ist es vorteilhaft, wenn Sie einige **Leuchttürme** darin stehen haben. Mit Leuchttürmen meine ich: Namen von Institutionen, die Vertrauen wecken – also guten „Marken". Das kann Ihr Praktikum bei Google oder bei der UN sein. Das kann Ihr Stipendium sein oder Ihr Preis bei einem renommierten studentischen Wettbewerb. Und das kann Ihre Hochschule sein. Gute, vertrauenswürdige Institutionen verleihen Ihnen Glaubwürdigkeit.

Konkret heißt das für Sie: Wenn Sie später auf dem Arbeitsmarkt erfolgreich seien möchten, helfen Ihnen Leuchttürme. Es müssen nicht ausschließlich Leuchttürme sein, aber hier gilt der Spruch: **Viel hilft viel**. Sie finden renommierte Hochschulen u. a. durch Rankings (▶ Abschn. 4.3.3).

> ⓘ Ein weiterer Aspekt ist bewerbungsstrategisch: Es gibt bei Masterbewerbungen eine große Ungleichverteilung. Leute streben in die großen und beliebten Städte. In kleineren Städten und im Osten bleiben dagegen viele Plätze unbesetzt. Sollten Sie keinen Abschluss im ganz hohen Einserbereich haben, sollten Sie zur Sicherheit euch eine Bewerbung für einen weniger populären Standort abgeben.

4.4.5 Werbeunterlagen des Studienganges lesen und interpretieren

Hochschulen wollen Sie anwerben, da unterscheiden sie sich nicht von Mobilfunkfirmen oder Versicherungen. Ganz besonders gilt das für Privathochschulen – denn diese machen mit Ihnen besonders viel Gewinn. Angesichts des Wettbewerbs der Hochschulen um die besten Studierenden müssen die Vorteile eines Studienganges natürlich klar kommuniziert werden. Dies kann auch zu übertriebenen Versprechungen in Werbeunterlagen und auf Internetseiten führen. Um Sie vor Enttäuschungen zu bewahren, sollten Sie nachfolgende Hinweise verinnerlichen.

Merken Sie sich folgende Regel: **Zahlen und Fakten sind überzeugender als Worte.** Eine Werbebroschüre, die abstrakt mit wohlklingenden Formulierungen wirbt („anerkannte Abschlüsse"; „internationale Ausrichtung"), kann Ihnen kein klares Bild des Studienganges vermitteln. Überzeugender sind konkrete und verbindliche Zahlen („internationale Ausrichtung durch Partnerschaften mit 12 europäischen Hochschulen") und klar formulierte Fakten („unsere Abschlüsse sind akkreditiert durch die Agenturen A und B").

In ◘ Tab. 4.2 sehen Sie meine persönlichen TOP 6 unverbindlicher Werbephrasen für Masterprogramme – sowie Fragen, mit denen Sie nachhaken können, z. B. während eines Besuches an der gewünschten Hochschule. Wetten, dass Ihnen mindestens eine dieser Phrasen bereits begegnet ist?

Grundsätzlich können Sie unverbindliche Werbeaussagen durch die explizite Zusicherung von Verbindlichkeit prüfen. Wie das geht, zeige ich Ihnen im nächsten Abschnitt.

4.4.6 Informationen festhalten: Zusicherung von Verbindlichkeit

Sie werden vermutlich bei Mitarbeitern Ihrer Hochschule Auskünfte einholen. Diese Mitarbeiter werden dabei **nicht immer korrekt** in ihren Auskünften sein. Zum Beispiel könnte ein Mitarbeiter sehr von dem Programm überzeugt sein und daher unwahre Dinge in Bezug auf die Gegenwart behaupten, von deren Umsetzung in naher Zukunft er fest überzeugt ist. Andere sind schlicht unwissend und geben Ihnen beispielsweise eine versehentlich falsche Information. Hinter beiden Verhaltensweisen steckt kein böser Wille.

Unzuverlässige Informationen können im Zweifel zu falschen Entscheidungen führen. Daher sollten Sie sicherstellen, dass Sie auch definitiv die richtige Antwort erhalten. Richtige Aussagen einer öffentlichen Verwaltungseinheit (also der Hochschule) und ihrer Organe (z. B. Dekanat, Prüfungsamt) erhalten sie durch die **Bitte um Verbindlichkeit.** Das hört sich kompliziert an, ist es aber nicht. Ich erkläre das anhand eines Beispiels:

▣ Tab. 4.2 Bei leeren Werbephrasen nachhaken	
Phrase	**Fragen zum Nachhaken**
„Hohes Niveau der Lehrveranstaltungen"	Welche Lehrbücher nutzen Sie? Wer sind Ihre Dozenten? Wie ist die Quote von internen zu externen Dozenten? Wer sind die externen Dozenten?
„International anerkannter Abschluss"	Ist der Abschluss auch tatsächlich bei Arbeitgebern anerkannt? Haben Alumni Jobs in großen Unternehmen gefunden?
„Wir haben ein hartes Auswahlverfahren und nehmen nur die Besten"	Wie hoch liegen die Bewerberzahlen? Was wird im Auswahlverfahren geprüft? Ist es ein Fakeverfahren, durch das nahezu jeder durchkommt?
„Internationale Ausrichtung"	Gibt es internationale Dozenten? Mit welchen Hochschulen bestehen Partnerschaften? Wie ist der Anteil ausländischer Studierender?
„Exzellentes Betreuungsverhältnis"	Wie viele Studierende nehmen an Seminaren teil? Wie viele schaffen es in der Regelstudienzeit?
„Beste Karrieremöglichkeiten"	Gibt es Kontakte zu Unternehmen? Zu welchen Unternehmen? Welche Jobs haben Alumni?

Beispiel

Danielle trifft beim Hochschulinformationstag eine ältere Mitarbeiterin des Prüfungsamtes. Sie fragt, ob der Masterstudiengang bereits akkreditiert sei. Die Mitarbeiterin zuckt mit den Schultern und sagt, das sei wohl so. Danielle gibt sich mit dieser Information nicht zufrieden. Am Tag darauf schreibt sie der Mitarbeiterin eine E-Mail und gibt darin wieder, wie sie sie verstanden hat. Am Ende ihrer E-Mail setzt sie die Schlussformel „sollte ich nichts Gegenteiliges von Ihnen hören, sehe ich die erteilte Information als verbindlich an". Es dauert nur einen Tag und Danielle erhält eine freundliche E-Mail der Mitarbeiterin, sie hätte sich noch einmal umgehört und die korrekte Information sei, dass der Masterstudiengang noch nicht akkreditiert sei.

Sobald Mitarbeiter einer streng hierarchisch gegliederten öffentlichen Verwaltung das Wort **Verbindlichkeit** lesen, sind sie alarmiert. Denn eigentlich ist jede Information, die ein Mitarbeiter einer öffentlichen Verwaltung gibt, verbindlich. Sobald Sie in einer schriftlichen Nachricht an die Hochschule die Bitte um Verbindlichkeit explizit erwähnen und man Ihnen in einer Antwort diese Verbindlichkeit nicht explizit ausschließt, entsteht aus dieser Information ein Rechtsanspruch für Sie. Das wissen die Mitarbeiter der Verwaltung. Um sich vor Ansprüchen zu retten, werden sie Ihnen ausschließlich korrekte Informationen geben oder die Verbindlichkeit explizit ausschließen. Letzteres wäre gleichbedeutend mit der Aussage „Ich weiß es nicht".

Probieren Sie die schriftliche Bitte um Verbindlichkeit demnächst einmal aus. Sie können sicher sein, verlässliche Informationen zu erhalten oder einen Hinweis, dass die Informationen nicht gesichert seien. Und das ist viel wert.

4.4.7 Sonstige Merkmale

In den letzten Abschnitten dürften Sie alle wichtigen Mechanismen kennengelernt haben, um Masterprogramme auf ihre Qualität hin zu prüfen und die Spreu vom Weizen zu trennen. Zur Abrundung möchte ich Ihnen nachfolgend noch einige Gesichtspunkte vermitteln, unter denen Sie das gewünschte Masterprogramm noch weiter kritisch durchleuchten können.

Werden bei einem Masterprogramm Studiengebühren im vierstelligen Eurobereich je Semester verlangt, sollten Sie sich über die **Zahlungsmodalitäten** informieren. Falls die Hochschule Studiengebühren erhebt, ist eine Rückerstattung im Falle von Nichtgefallen ein weiteres gutes Qualitätssignal. Bietet die Hochschule Ihnen beispielsweise an, bei Abbruch des Studiums nach einigen Wochen einen hohen Prozentsatz der Gebühren wieder zurückzuerstatten, ist dies ein Signal dafür, dass die Hochschule vom Niveau ihrer eigenen Leistungen überzeugt ist. Ist das Geld jedoch nach Bezahlung nicht mehr wiedererstattbar (auch nicht im Falle von Krankheit), sollten Sie die Seriosität dieses Angebotes kritisch prüfen.

Weiterhin sollten Sie bei Dekanat oder Studienberatung nach der **Erfolgsquote** der Studierenden fragen. Denn kein seriöser Studiengang mit mehreren Studierenden kann eine Quote von 100% aufweisen, die in der Regelstudienzeit ihr Studium erfolgreich abschließen. Ist dies der Fall, deutet dies darauf hin, dass viele Studierende einfach durchgeschleppt werden. Für die Reputation des Studienganges und für die Qualität der Diskussionen in den Seminaren ist das nicht hilfreich.

Fragen Sie auch nach, **wie viele Bewerber** es im letzten Jahr gab und wie viele Bewerber davon letztendlich aufgenommen wurden. Generell gilt: Je mehr Bewerber und je geringer die Quote der Angenommenen, desto höher die Reputation des Studiums und die Motivation der Studierenden, die angenommen wurden. Das gemeinsame Studium mit fähigen und motivierten Studierenden ist für das Gelingen Ihres Masterstudiums sehr wichtig. Von Institutionen, die überhaupt keine Auswahl ihrer Studierenden betreiben, sollten Sie sich fernhalten.

> ⓘ Als Faustregel können Sie annehmen, dass ein Masterprogramm, das mehr als zwei Drittel seiner Bewerber ins Studium aufnimmt, von Ihnen kritisch geprüft werden sollte – zumindest in beliebten Fächern.

Ein weiteres Kriterium ist natürlich auch die Ausstattung der Zielhochschule, ihrer Bibliothek und der Fakultät. Während Ihres Besuches

Tab. 4.3 Auf einen Blick: Wichtige Qualitätsmerkmale eines Masterstudienganges

Merkmal	Warum ist das wichtig für Sie?
Inhalt des Studiums	Ein Studium bringt Sie nur weiter, wenn es Sie richtig fordert
	Ein Studium bringt Sie nur weiter, wenn es Ihnen den Inhalt vermittelt, den Sie brauchen
Kommilitonen	Das Niveau des Studienganges ist von den Kommilitonen abhängig
	Mit Ihren Kommilitonen werden Sie zusammenarbeiten und den Großteil Ihrer Zeit verbringen – sie tragen zu Ihrem Studienerfolg und Studierendenleben bei
	Ihre Kommilitonen sind Ihr späteres Netzwerk
Zusammensetzung des Lehrkörpers	Sie hat starken Einfluss auf das Niveau; gute Professoren unterstützen beim Erreichen des Lernerfolges
	Renommee und Kontakte der Professoren können beim Berufseinstieg helfen
Gutes Betreuungsverhältnis (Dozenten/Studierende)	Ein gutes Betreuungsverhältnis sorgt dafür, dass Sie Ihr Studium gut und in Regelstudienzeit absolvieren können
	Persönliche Betreuung steigert Ihren Lernerfolg
Individuelle Gestaltbarkeit des Studienverlaufs (Prüfungsordnung)	Sie können Ihr Studium nach Ihren Interessen ausrichten
	Sie können sich ein individuelles Profil für den Arbeitsmarkt zulegen
Platzierung in Rankings	Eine gute Platzierung in einem Ranking, das auch Studienmerkmale berücksichtigt, ist ein guter Qualitätsindikator
Renommee der Hochschule	Das Renommee einer Hochschule ist für Ihren späteren Berufseinstieg wichtig
Akkreditierung	Bei Business Schools: Akkreditierungen von den großen und bekannten Agenturen sind ein klares Qualitätssignal
	Bei anderen: Eine Akkreditierung zeigt, dass Qualitätsstandards seitens der Hochschule eingehalten werden
Ausstattung (wichtig: Bibliothek)	Gute Forschungsbedingungen für Studierende beweisen eine studierendenfreundliche Orientierung der Zielhochschule
	Gute Forschungsbedingungen verkürzen Ihre Studienzeit und erhöhen Ihren Lernerfolg
Alumniorganisation der Hochschule	Hilfreich ist es dann, wenn seit mehreren Jahren ein aktives Alumninetzwerk besteht, von dem Sie beruflich profitieren können

sollten Sie darauf achten, in welchem Zustand sich Hörsäle und Seminarräume befinden. Besonders wichtig ist die Ausstattung der **Bibliothek** mit Fachbüchern und elektronischen Medien: Hier sollte von der Zielhochschule nicht gespart werden, denn anders als der morbide Charme des Bibliotheksgebäudes aus den 1930er Jahren ist die Auswahl an Fachbüchern und Zugängen zu elektronischen Journals entscheidend für Ihren Studienerfolg.

In ☐ Tab. 4.3 finden Sie noch einmal eine Zusammenfassung der wichtigsten Qualitätsmerkmale eines Masterstudienganges.

Master nach Plan

- Die zentralen Punkte bei der Masterwahl sind Inhalt, Kommilitonen und Ort.
- Gute und leistungsbereite Kommilitonen ziehen Sie mit nach oben.
- Wählen Sie Ihren Master ohne Angst vorm Arbeitsmarkt.
- Haken Sie bei Werbeaussagen sehr kritisch nach.
- Wenn Sie unsicher sind, ob eine Information über Ihren Studiengang stimmt, sollten Sie um „Verbindlichkeit" bitten.

4.5   Berufliche Chancen: Die passende inhaltliche Ausrichtung des Studiums

Ihre Entscheidung für einen Masterstudiengang sollten Sie nicht nur von den Lernbedingungen, Inhalten und der Hochschule abhängig machen. Denken Sie daran, dass Sie sich mit der Wahl Ihres Masterstudienganges bereits indirekt auf Ihre spätere berufliche Karriere festlegen. Sie sollten sich daher darüber im Klaren sein, was Ihre Pläne nach dem Masterstudium sind, und diese in die Wahl ihres Masterstudienganges einfließen lassen.

Die Ausrichtung Ihres Masterstudiums nach Ihrem späteren Berufswunsch ist für Ihr berufliches Fortkommen von zentraler Bedeutung. Bereits während Ihres Masterstudiums sollen Sie sich für eine Arbeitsstelle bewerben: Ihre Chancen sind dann ungemein höher. Bewerben Sie sich erst, wenn Sie Ihren Abschluss haben, haftet Ihnen das Stigma des Suchenden an und Sie können sich schlechter auf dem Arbeitsmarkt verkaufen.

Beispiel

Der Unternehmer Guido will eine neue Stelle besetzen. Er hat zwei Bewerbungsmappen vor sich liegen. Die Bewerberinnen Anne und Rike weisen genau die gleichen Qualifikationen und Noten auf. Anne hat ihr Studium bereits abgeschlossen, Rike schließt ihr Studium erst zum Beginn der ausgeschriebenen Stelle ab. Guido denkt: „Beide Bewerberinnen sind gut, aber wenn Anne so gut ist, warum hat sie nach ihrem Studienabschluss noch keine Stelle bekommen und sucht noch?" Die Frage stellt sich bei Rike erst gar nicht. Guido entscheidet sich für Rike. Nicht, weil sie besser ist, sondern weil ihre Bewerbung keinen Raum für Spekulationen bietet.

Falls Sie planen, im Anschluss an Ihr Masterstudium zu promovieren, stellen sich zwei wichtige Fragen:
- Ist mit Ihrem Masterabschluss das Promotionsrecht an einer deutschen Hochschule gegeben?
- Welche Möglichkeiten haben Sie, einen Doktorvater zu finden?

Zunächst sollten Sie prüfen, ob Ihr Masterstudiengang Ihnen das **Promotionsrecht** an einer deutschen Universität uneingeschränkt verleiht.

Das ist bei jedem **Konsekutivmaster** (▶ Abschn. 2.2.1) im jeweiligen Studienfach der Fall. Bei ausländischen Masterabschlüssen (▶ Kap. 3) gibt es verschiedene Möglichkeiten. Problematisch ist ein Anschluss im akademischen Bereich bei Masterabschlüssen, die keine Konsekutivmaster sind (MBA, Master of …).

Neben dem Promotionsrecht müssen Sie natürlich auch überzeugende Inhalte Ihres Studiums aufweisen können, die Ihren potenziellen **Doktorvater fachlich überzeugen**. Das ist nicht bei jedem Masterstudiengang der Fall.

Entscheidend für eine weitere akademische Karriere sind auch die Möglichkeiten, zu veröffentlichen. Der überwiegende Teil der Universitäten sieht es sehr gerne und fördert es, wenn Studierende längere Arbeitspapiere oder gar Ihre Masterarbeit publizieren möchten. Oft haben Universitäten eigene Beitragsreihen, die Platz für Derartiges bieten. Mit der Veröffentlichung Ihrer Masterarbeit oder eines Arbeitspapiers haben Sie bereits einen großen Schritt in die akademische Welt getan.

Entwicklung einer Bewerbungsstrategie

5.1   Bewerbungsprozess – 79

5.2   Bewerbermappe – Anschreiben und Anlagen – 83

5.3   Motivationsschreiben – 89

5.4   Lebenslauf – 101

5.5   Professorengutachten als zentrales Element Ihrer Bewerbung – 108

5.6   Persönliches Auswahlgespräch – 114

5.7   Flankierende Maßnahmen – 122

5.8   Fazit – 132

© Springer-Verlag Berlin Heidelberg 2017
S. Horndasch, *Master nach Plan*,
DOI 10.1007/978-3-662-50309-6_5

5

Die **Konkurrenz** um Studienplätze in guten Masterprogrammen ist sehr hoch. Bei international anerkannten Top-Universitäten müssen Sie sich gegen zehn oder mehr andere Bewerber je Studienplatz durchsetzen, die Ihre Qualifikationen aufweisen. An beliebten deutschen Hochschulen ist die Situation kaum anders: In Berlin, Münster oder München kommen in einigen Studiengängen bis zu 15 Bewerber auf einen Studienplatz.

Aber: Lassen Sie sich von diesen Zahlen **nicht abschrecken**. Zunächst erfüllen viele Bewerbungen nicht die formalen Kriterien – was das ist, werde ich Ihnen in diesem Kapitel erklären. Durch eine sorgfältige Bewerbung können Sie hier punkten. Der Hauptgrund, warum Ihnen hohe Bewerberzahlen keine große Angst einflößen sollten, ist ein Phänomen, das ich als **Nachrückerdynamik** bezeichne.

Entgegen der weitläufig verbreiteten Annahmen und Werbeaussagen von Hochschulen werden nicht nur die besten Studierenden in Masterprogramme von Spitzenhochschulen aufgenommen. Auch **durchschnittliche Studierende** haben eine Chance. Das liegt daran, dass Hochschulen zwei Interessen haben:

- Sie möchten Studierende aufnehmen.
- Sie möchten die besten Studierenden aufnehmen.

Leider kann das zweite Ziel jedoch oft nicht erreicht werden. Denn
- es bewerben sich die besten Studierenden nicht bei jedem Masterstudiengang, sondern nur bei einigen wenigen;
- gleichzeitig gilt: Keine Hochschule wird deswegen ihr prestigeträchtiges Top-Masterprogramm abschaffen.

Natürlich werden die besten und überzeugendsten Bewerber sofort in das Masterstudium aufgenommen. Ein Teil dieser Elite springt aber wieder ab, weil ihnen ja auch andere Optionen offenstehen. Der Rest der Studienplätze wird an durchschnittliche Studierende weitergegeben. **Sie rücken nach.**

Entscheidend ist aber eine persönliche Strategie, mit der Sie das Bewerbungsverfahren knacken können. Im Kern Ihrer Strategie sollten Sie erkennen, dass zwischen Ihnen und der Zielhochschule sog. **Informationsasymmetrien** (▶ Abschn. 4.4.1) bestehen, wie ich bereits im vorigen Kapitel dargelegt habe. Mit dem Beispiel eines Autohändlers habe ich erklärt, wie schwierig es für Sie sein kann, etwas über die Hochschule und das Masterstudium herauszufinden. Im Autohandel werden Garantien und technische Prüfsiegel verwendet, damit der potenzielle Käufer vor dem Kauf ein wenig mehr über das zu kaufende Auto erfährt. Aber haben Sie schon einmal daran gedacht, dass auch die Hochschule nicht so viel über Sie weiß, wie Sie über die Hochschule? Aus diesem Grund – und nur aus diesem – gibt es Diplome und Noten. Sie sind die Äquivalente zum TÜV-Siegel in der akademischen Welt. Auch die Hochschule ist unsicher, ob sie die richtigen Bewerber aussucht. Daher müssen Sie Ihrer Wunschhochschule zeigen, dass Sie der Richtige sind:

mit **einer persönlichen Bewerbungsstrategie** und durch eine klare Kommunikation Ihrer Vorteile.

Vielleicht erinnern Sie sich an das Prinzip, das ich Ihnen in ▶ Abschn. 4.4.5 erläutert habe: **Zahlen und Fakten sind überzeugender als Worte**. Dieses Prinzip gilt nicht nur bei der Auswahl der geeigneten Masterstudiengänge, es wird auch von den Verantwortlichen einer Hochschule befolgt, die ihre Studierenden auswählen möchten. Noten und Leistungszertifikate sind überzeugender als einzelne Formulierungen im Motivationsschreiben – obwohl diese in ihrer Gesamtheit auch wichtig sind.

ⓘ Zentral ist, dass Informationen in Ihrer Bewerbung klar und nachvollziehbar kommuniziert werden. Merken Sie sich, dass Sie in einer Bewerbung niemals offene Prozesse erwähnen sollten. Offene Prozesse, bei denen der Ausgang noch nicht klar ist, werden von den Verantwortlichen nicht als Vorteil erkannt, sondern als Prozessunsicherheit und systematisch gegen Sie ausgelegt.

Beispiel

Marie hat sich für das Masterprogramm X beworben. Parallel hat sie eine Bewerbung um ein Stipendium der Y-Stiftung laufen. Die Ergebnisse hierzu werden ihr erst 4 Wochen nach dem Einsendeschluss der Bewerbungsunterlagen für den Masterstudiengang mitgeteilt. Marie schreibt im Motivationsschreiben: „Derzeit befinde ich mich in der zweiten Stufe des Auswahlprozesses der Begabtenförderung der Y-Stiftung. Die Ergebnisse erfahre ich im Mai." Sie weiß, dass die Y-Stiftung sehr renommiert ist. Bei den Mitgliedern des Auswahlgremiums kommt das jedoch gar nicht gut an: „Wer weiß denn, ob die Bewerberin überhaupt bei der Stiftung angenommen wird?", fragt der Ausschussvorsitzende und schüttelt den Kopf. Im Gremium ist man sich schnell einig, dass ihre Bewerbung als hintere Priorität eingeordnet wird. Hätte Marie nichts von ihrer Bewerbung bei der Stiftung erzählt, wäre ihre Bewerbung gar nicht so kritisch beäugt worden.

Gehen Sie davon aus, dass die Bewerber bei den meisten Masterprogrammen **negativ ausgewählt**, also von hinten weggestrichen werden. Das liegt daran, dass die Verantwortlichen im Gremium sich auf die Ablehnung von Bewerbern besser einigen können als auf eine positive Auswahl – denn aussortieren müssen sie ja sowieso. Unsicherheiten und offene Prozesse sorgen für Geräusche in Ihrer Bewerbung und bieten somit eine Angriffsfläche. Erwähnen Sie offene Prozesse, gehen Sie das Risiko ein, aussortiert zu werden, nur weil Sie auffallen. Ratsamer ist eine **geräuschlose Bewerbung**, in der Sie offene Prozesse möglichst verschweigen. Damit fallen Sie nicht allzu sehr auf und bringen niemanden in der Auswahlkommission gegen sich auf.

Für Sie bedeutet das konkret: Wenn Sie eine profilierte Bewerbung abgeben („Ich bin Mitglied der Partei X und vertrete den revolutionären fachlichen Ansatz Y"), werden Sie sicherlich einige Sympathien gewinnen. Niemand jedoch wird sich im Auswahlgremium aktiv für Sie einsetzen, wenn Ihre Profilierung nicht eindeutig positiv ist. Gremienmitglieder haben in erster Linie das Interesse, sich untereinander zu verstehen und nicht lange zu diskutieren. Und wenn man sich auf einen farblosen Bewerber schneller einigen kann, werden Sie als profilierter Bewerber eher aussortiert. Mut lohnt sich leider nicht immer: Denn sobald ein Prüfer Sie nicht mag, werden sich die anderen ihm anschließen, um die Zahl der restlichen Bewerber zu verkleinern. Prüfer sind froh, wenn untaugliche Bewerber schnell identifiziert sind, denn das bedeutet weniger Arbeit für sie.

Vielleicht haben Sie nach diesen ersten Abschnitten schon gemerkt: Es kommt weniger darauf an, was man in seiner Bewerbung bietet und sagt, sondern wie man es sagt und wer diese Bewerbung liest. Es ist daher wichtig, dass Sie Ihre Bewerbung durchdenken – das meine ich, wenn ich von einer Bewerbungsstrategie spreche. Jede persönliche Bewerbungsstrategie wird anders aussehen – genauso wie Lebensläufe und Fähigkeiten sich voneinander unterscheiden. Ihre persönliche Bewerbungsstrategie kann ich Ihnen daher nicht vorschreiben. Sie sind es, die sie festlegen müssen. Aber dieses Kapitel wird Sie dabei unterstützen. Mit zahlreichen Ratschlägen zu den relevanten Teilen Ihrer Bewerbung.

Dieses Kapitel zeigt Ihnen zunächst, wie Sie den **Bewerbungsprozess Ihres Masterprogrammes richtig analysieren** und die für Sie relevanten Informationen herausfiltern. Anschließend gebe ich Ihnen wie ein klassischer Bewerbungsratgeber Hinweise zur Anfertigung Ihrer Bewerbermappe. Überschlagen Sie diesen Teil des Kapitels nicht, weil Sie vielleicht meinen, das meiste schon zu wissen: Bewerbungen im akademischen Bereich unterscheiden sich von Bewerbungen beim Berufseinstieg. Schwerpunktmäßig beschäftigt sich das Kapitel danach noch mit den akademischen Gutachten sowie dem persönlichen Auswahlgespräch. Das Kapitel schließt mit Tipps zu **flankierenden Maßnahmen**, etwa, wie Sie die Fürsprache einflussreicher Professoren für sich gewinnen können.

Master nach Plan

- Durch die Nachrückerdynamik haben Sie auch als durchschnittlicher Studierender mit Ihrer Bewerbung bei Spitzenhochschulen eine Chance.
- Erwähnen Sie bei Ihrer Bewerbung keine offenen Prozesse wie Bewerbungen auf Stipendien.
- Vermeiden Sie Ecken und Kanten Ihrer Bewerbung, die nicht ausschließlich positiv verstanden werden können. Vermindern Sie „Geräusche".

5.1   Bewerbungsprozess

Als erster Schritt Ihrer Bewerbungsstrategie sollte eine **klare Analyse des Bewerbungsprozesses** stehen. Das bedeutet, dass Sie sich sowohl mit den formalen und inhaltlichen Auswahlkriterien vertraut machen sollten, das heißt aber auch, dass Sie verantwortliche Personen und Gremien identifizieren sollten. Letzteres ermöglicht Ihnen eine große Verbesserung Ihrer Bewerberchancen durch persönliche Kontakte.

Zentral für das Verständnis des Bewerbungsprozesses ist die Unterscheidung zwischen formalen und inhaltlichen Auswahlkriterien. Beide sind für Ihren Erfolg gleich wichtig.

Formale Kriterien verlangen zum einen, dass die rechtlichen Voraussetzungen für die Bewerbung gegeben sind. Das bedeutet, dass Sie (zum Zeitpunkt des Studienantritts) über einen Bachelorabschluss verfügen sollten. Sie verlangen aber auch, dass die Formalien einer Bewerbung erfüllt sein müssen. Das heißt, dass Sie alle Unterlagen in dem Format vollständig beibringen müssen, in dem sie eingefordert werden. Nicht wenige Bewerbungen scheitern an formalen Kriterien: Zeugnisse oder eingeforderte Zertifikate werden vergessen, Blätter lose in Briefumschläge gesteckt oder Anschreiben nicht auf Rechtschreibfehler kontrolliert.

Inhaltliche Kriterien befassen sich mit der eigentlichen Qualifikation des Bewerbers. Sie prüfen, ob die Qualifikation des Bewerbers ausreicht, in dem Masterstudiengang studieren zu können. Hier kommen Ihre Noten, aber auch bisher erbrachte andere Leistungen im Lebenslauf zum Tragen. Inhaltliche Kriterien sind häufig eher breit formuliert.

Als Faustregel kann man sich merken, dass Verwaltung, Sekretariate und wissenschaftliche Mitarbeiter einer Hochschule die formalen Kriterien einer Bewerbung prüfen, Professoren und Dozenten die inhaltlichen Kriterien.

5.1.1   Formalien

Zunächst sollten Sie sich mit den Fristen und Formalien des Bewerbungsprozesses auseinandersetzen.

Jede Masterbewerbung muss zwei Arten von Kriterien erfüllen: formale und inhaltliche. Formale Kriterien legen in erster Linie **Fristen und Formsachen** Ihrer Bewerbung fest. Inhaltliche Kriterien bestimmen, welche Qualifikationen ein Bewerber erfüllen muss, um im Masterstudiengang zu studieren. Dazu gehören u. a. Noten, das Motivationsschreiben und der Lebenslauf.

🛈 Die Einhaltung der Formalien ist äußerst wichtig. Es mag Sie überraschen, doch oft ist ein großer Teil von Bewerbungen für Masterprogramme unvollständig oder es werden andere formale

Kriterien nicht erfüllt. Sollten zu formalen Fehlern noch inhaltliche Mängel kommen, wird Ihre Bewerbung schnell aussortiert.

Im Vorfeld Ihrer Bewerbung sollten Sie u. a. daher folgende Fragen klären, damit Ihre Bewerbung formal einwandfrei ist:

- An wen muss die Bewerbung geschickt werden?
- Muss die Bewerbung in mehrfacher Ausfertigung vorliegen?
- Wie viele Hochschullehrergutachten müssen in welcher Ausfertigung vorliegen?
- Wie verfahren Sie, wenn Sie noch keinen Bachelorabschluss vorzuweisen haben (▶ Abschn. 5.3.2)?
- Benötigen Sie einen tabellarischen oder ausgeschriebenen Lebenslauf (▶ Abschn. 5.4)?
- Werden sprachliche Leistungszertifikate (z. B. TOEFL) verlangt (▶ Abschn. 5.2.2)?
- Werden sonstige Qualifizierungszertifikate (z. B. GRE, GMAT) verlangt (▶ Abschn. 5.2.2)?

ⓘ Ich rate Ihnen, formale Kriterien äußerst ernst zu nehmen: Fehler in diesem Bereich lassen sich einfacher vermeiden als inhaltliche Fehler. Dennoch werden zahlreiche Bewerbungen im Hochschulbereich wegen formaler Mängel aussortiert. Eine formal einwandfreie Bewerbung verschafft Ihnen einen Vorteil gegenüber Bewerbern, die formale Kriterien nicht so ernst nehmen. Und das sind viele.

Sobald Sie Informationen zu allen diesen Punkten gesammelt haben, sollten Sie diese **notieren**, damit Sie sie leichter im Auge behalten können. Gerade, wenn Sie sich bei mehreren Masterprogrammen bewerben sollten, kann sonst leicht der Überblick verloren gehen. Legen Sie daher eine Tabelle oder einen Aktenordner an, in dem Sie die Fristen und alle Bewerbungserfordernisse auflisten. Die Erfüllung der Bewerbungsformalien erfordert eine Menge Zeit. Umso wichtiger ist es, dass Sie genau wissen, was Sie zu erfüllen haben und die Bewerbungsprozesse verschiedener Masterprogramme nicht miteinander verwechseln. Dazu empfehle ich, Kopien der entscheidenden Internetseiten dieser Zusammenstellung beizufügen – entweder als PDF oder als Ausdruck. Es erleichtert Ihre spätere Arbeit, wenn Sie die notwendigen Informationen nicht erst noch suchen müssen.

Jeder Masterstudiengang hat eine **Bewerbungsfrist**, bis zu der Bewerbungen für das nächste akademische Jahr eingegangen sein müssen. Diese Frist muss unbedingt eingehalten werden. Sie ist so wichtig, dass sich auch das Fortschrittsdiagramm in ▶ Kap. 1 am Einsendeschluss orientiert. Merken Sie sich diese Frist genau, damit Sie sie nicht verpassen.

Sicherlich werden Sie mehrere Termine in Einklang bringen müssen. Das sind beispielsweise Anmeldetermine für Sprach- und sonstige Leistungstests (▶ Abschn. 5.2.2), die Beantragung von vorläufigen Notenauszügen (▶ Abschn. 5.2.2) sowie die Beibringung von Gutachten

(▶ Abschn. 5.5). Achten Sie darauf, entsprechende Pufferzeiten für die Fristen einzuplanen. Das Fortschrittsdiagramm hilft Ihnen bei der Planung Ihrer Bewerbung.

ℹ️ In Deutschland ist die Deadline für die Masterbewerbung meist der 15. Juli – diese Frist ist aber freiwillig. Generell können Sie sich als Faustregel merken, dass die Einsendeschlusstermine umso früher liegen, je mehr Bewerber es auf einen Studienplatz gibt: Die Termine für Masterprogramme international renommierter Elitehochschulen liegen mitunter sogar vor der Jahreswende und somit bis zu 10 Monate vor Programmstart.

5.1.2 Inhaltliche Auswahlkriterien

Zentral für Ihre Bewerbung sind natürlich die **inhaltlichen Anforderungen** einer Bewerbung. Auf der Internetseite oder in der Informationsbroschüre Ihres gewünschten Masterstudiengangs werden Sie sog. Auswahlkriterien finden, die ein Studierender für eine erfolgreiche Bewerbung erfüllen muss. Auswahlkriterien können z. B. folgende sein:

- Bewerber muss einen Bachelorabschluss im gleichen Fachbereich wie der angestrebte Masterstudiengang abgelegt haben;
- es müssen mindestens 21 ECTS-Punkte im quantitativ-mathematischen Bereich vorgewiesen werden;
- die Abschlussnote sollte mindestens bei 2,5 liegen;
- Englischkenntnisse fließend in Wort und Schrift, TOEFL mindestens 79 Punkte (altes System: 550 Punkte; 213 computerbasiert);
- nachweislich ausgeprägtes Forschungsinteresse.

Vielleicht haben Sie bemerkt, dass ich hier bewusst zwei Sorten von Kriterien aufgeführt habe: quantitative und qualitative Anforderungen. Quantitative Kriterien sind fixe Grenzen, die mit Zahlen gemessen werden können. In unserem Beispiel sind das die ECTS-Punkte im quantitativen Bereich, die Abschlussnote von 2,5 sowie das TOEFL-Ergebnis (▶ Abschn. 5.2.2) von 79 Punkten. Bewerber müssen in der Regel **quantitative Kriterien strikt einhalten**.

ℹ️ Besonders Universitäten bauen häufig hohe quantitative Hürden in Form von ECTS-Punkten auf. Der Grund: Man will Bewerber von Fachhochschulen diskriminieren. Da man rechtlich nicht zwischen FH- und Uniabsolventen unterscheiden darf, werden dafür vermeintlich neutrale Kriterien wie die Leistungspunkte genutzt. Häufig findet man diese Hürden nur im Kleingedruckten. Ich selbst kenne Studierende, die trotz guter Noten mit 7 oder 8 Masterbewerbungen gescheitert sind, weil sie die mitzubringenden ECTS-Punkte nicht im Blick hatten. Informieren Sie sich vor Ihrer Bewerbung also gut über alle quantitativen Kriterien!

Falls Sie die quantitativen Kriterien nicht erfüllen, den Master aber unbedingt studieren möchten, gibt es noch eine Chance: Sie sollten beim Prüfungsamt der Hochschule anrufen und fragen, ob es Raum für Kompromisse gibt. Mitunter bieten Hochschulen das **Nachholen von Leistungen** an. Meist sind dies die weniger zentral gelegenen Institutionen, die ihre Masterprogramme füllen müssen und sich bei sonstiger Eignung flexibel zeigen. Sollte Ihnen diese Möglichkeit in Aussicht gestellt werden, sollten Sie darauf in Ihrem Anschreiben (▶ Abschn. 5.2.1) dringend Bezug nehmen.

Qualitative Kriterien sind leichter zu erfüllen: Ein „ausgeprägtes Forschungsinteresse" und ein „Bachelorabschluss im gleichen Fachbereich" sind dehnbare Begriffe. Und diese Dehnbarkeit ist von der Zielhochschule auch bewusst erwünscht, um bei der Auswahl ihrer Bewerber Spielraum zu haben. Qualitative Anforderungen geben Ihnen in Ihrer Bewerbung die Chance, Ihre individuellen Fähigkeiten positiv und auf das gewünschte Profil abgestimmt darzustellen. In Ihrem Motivationsschreiben (▶ Abschn. 5.3) und Ihrem Lebenslauf (▶ Abschn. 5.4) sollten Sie daher darauf achten, dass Sie den qualitativen Anforderungskriterien entsprechen. Heben Sie die passenden Elemente Ihres Lebenslaufes entsprechend günstig hervor – aber bleiben Sie bei der Wahrheit.

Wichtig bei alledem: **Zahlen sind überzeugender als Worte.** Wenn wie im oben genannten Bespiel besondere Kenntnisse in einem bestimmten Fachbereich gefordert werden und Sie besonders gute Noten darin haben, sollten Sie das auch deutlich machen. Sie können das in Ihrem Anschreiben oder im Motivationsschreiben erwähnen oder Ihren Gutachter darum bitten, diesen Vorteil in Ihrem akademischen Gutachten (▶ Abschn. 5.5) zu nennen. Vertrauen Sie besser nicht darauf, dass Ihre besonderen Kenntnisse und Fähigkeiten bereits aus Ihrem Notenausdruck hervorgehen und sofort ersichtlich sind. Oft wird das beim schnellen Durchblättern der Bewerbungsmappe übersehen. Sorgen Sie daher dafür, dass Ihre Vorteile an geeigneter Stelle erwähnt werden. Setzen Sie sich und Ihre Vorteile in Szene. Wie das geht, erkläre ich Ihnen im Abschnitt zum Motivationsschreiben (▶ Abschn. 5.3)

Master nach Plan
- Halten Sie sich dringend an Fristen und formale Vorgaben.
- Beachten Sie die Unterscheidung zwischen formalen und inhaltlichen Anforderungskriterien. Formale Fehler lassen sich am leichtesten vermeiden.
- Quantitative Vorgaben (z. B. die Anzahl an ECTS-Punkten in einem bestimmten Bereich) sollten Sie dringend einhalten.
- Qualitative Kriterien (z. B. „ausgeprägtes Forschungsinteresse") sind dagegen dehnbar.

5.2 Bewerbermappe – Anschreiben und Anlagen

Die inhaltlichen Anforderungen an Ihre Bewerbermappe sind von Hochschule zu Hochschule verschieden. Manche wünschen einen Lebenslauf, andere nicht. Manche fordern Hausarbeiten, andere die Beantwortung eines individuellen Fragenkatalogs. Dieser Abschnitt hilft Ihnen, eine überzeugende Bewerbung zu erstellen und die größten Fehler zu vermeiden. Auch wenn Sie sich in Ihrem Leben schon mehrfach beworben haben, sollten Sie diesen Abschnitt aufmerksam lesen, denn für eine Bewerbung im Hochschulbereich gelten andere Regeln als für eine Bewerbung auf ein Praktikum. Ich helfe Ihnen, alle diese Eventualitäten zu meistern.

In vielen Fällen werden Sie die meisten Dokumente **online** einreichen können und müssen nur Ihre Zeugnisse sowie ein unterschriebenes Formular postalisch übersenden. In dem Fall reicht es, wenn Sie Ihre Papiere lose in einem A4-Umschlag (nicht knicken!) verschicken.

Viele Hochschulen verlangen allerdings noch eine komplette postalische Bewerbung. In diesem Fall sollten Sie eine **Bewerbermappe** zusammenstellen. Dabei sollten Sie nicht den Fehler machen, eine Loseblattsammlung zu verschicken. Das wirkt unprofessionell und schmälert den Gesamteindruck deutlich. Am besten stecken Sie Ihre Bewerbungsunterlagen in eine klassische und einfache Klemmmappe.

ℹ Ein Fehler wäre es, die Seiten Ihrer Bewerbung in einzelne Klarsichtfolien zu stecken. Sie müssen davon ausgehen, dass Ihre Unterlagen kopiert werden und dass die Mitglieder der Auswahlkommission sich darin Notizen machen möchten. Auf Klarsichtfolien werden sie verständlicherweise ablehnend reagieren – lassen Sie sie also weg. Weiterhin rate ich Ihnen von aufwändig gestalteten Bewerbermappen ab, die beispielsweise ein eigenes Fach für den Lebenslauf haben. Der Handel bietet solche Mappen oft mit dem Argument an, dass sie sich von anderen Bewerbern unterscheiden können. Im akademischen Bereich kommt es jedoch nicht auf äußerliche Profilierung an – sondern auf den Inhalt. Oft geben die Hochschulen an, was für ein Format sie erwarten – halten Sie sich strikt daran!

Bei der Bewerbung sollten Sie ein paar **Formalia** beachten. Aber keine Sorge: Hochschulen sind hier nicht so kritisch wie vielleicht die Privatwirtschaft. Insgesamt sollten Sie in Ihrer Bewerbung auf eine saubere Aufmachung und eine leserliche Schriftgröße achten, alles andere deutet auf Nachlässigkeit hin. Nutzen Sie saubere Schriftarten wie Arial, Helvetica oder Calibri. Wenn Sie Serifen bevorzugen, können Sie Garamond wählen. Aber bitte nicht Times New Roman! Bei der Schriftgröße ist 11 der Standard. 10 geht auch – keine Sorge, ausgedruckt ist das immer noch gut lesbar. 12 ist dagegen zu groß. Die Absätze im

Motivationsschreiben sollten maximal 7 Zeilen lang sein, besser kürzer. Und: Zwischen alle Absätze gehört eine freie Zeile.

Bleiben Sie ansonsten immer **sachlich und realistisch**. Stellen Sie sich auf ein System ein, das sich selbst für in erster Linie inhaltsorientiert und weniger verkaufsorientiert hält.

5.2.1   Anschreiben

Viele Leute glauben, dass **Anschreiben** und Motivationsschreiben dasselbe sind. Und dieser Fehler liegt nahe: Bei Bewerbungen für Jobs und Praktika begründet man seine Bewerbung im Anschreiben. Nicht so bei der Studienbewerbung: Hier ist das Anschreiben nichts anderes als ein knapper Brief, der quasi die höfliche Einleitung für Ihre gesamten Bewerbungsunterlagen ist.

Das Anschreiben ist das Dokument Ihrer Bewerbung, das am wenigsten beachtet werden wird. Dennoch ist ein **gutes Anschreiben** wichtig: Geübte Augen erkennen Rechtschreib- und Formalfehler auch bei schnellem Überfliegen des Textes. Das könnte Ihnen zum Nachteil gereichen.

In der knappsten Form kann das Anschreiben schlicht aus folgendem Text bestehen:

Beispiel
Sehr geehrte Damen und Herren,
hiermit bewerbe ich mich auf den Master in Internationaler Önologie.
Anbei finden Sie meine Bewerbungsunterlagen.
Mit freundlichen Grüßen
Wotan Weinmacher

Natürlich muss der Text nicht so kurz sein. So kann es gut sein, dass Sie noch bestimmte **zusätzliche Informationen** unterbringen möchten. Das könnte z.B. die Ankündigung sein, dass Sie ein bestimmtes Dokument wie einen Sprachtest noch nachreichen werden. Falls Ihre Zielhochschule Stipendien oder eine Reduktion der Studiengebühren anbietet, ist das Anschreiben ebenfalls der richtige Ort, sich darum zu bewerben. Und wie Sie im Beispielanschreiben sehen werden: Auch ich habe den Text ein klein wenig ausgeschmückt.

Formal sollte Ihr Anschreiben als klassischer Brief gestaltet sein: mit Absender- und Empfängerdaten, Betreffzeile, Ort und Datum. Falls Ihnen über die Internetseite der Hochschule bereits ein verantwortlicher Mitarbeiter oder Professor genannt wird, sollten Sie ihn oder sie in der Anrede und der Adresszeile erwähnen.

Merken Sie sich folgende sieben Formalia eines überzeugenden Anschreibens:

- In der Adresszeile führen Sie alle akademischen Titel des Ansprechpartners auf. Personennamen nennen Sie in der Zeile vor der Lehrstuhlbezeichnung.

Auf der Produktseite zum Buch ► http://www.springer.com/book/9783662503089 finden Sie einen Mustertext für Ihr Anschreiben einschließlich Briefkopf.

- Nach der Anrede folgt ein Komma, nicht ein Ausrufezeichen. Das erste Wort nach der Anrede wird nur dann großgeschrieben, wenn es sich um ein Substantiv handelt – ansonsten nicht. Anders ist es bei englischen und Anschreiben, bei denen das erste Wort nach der Anrede immer großgeschrieben wird.
- Briefe und E-Mails sollten nach der Ansprache laut Knigge nicht mit dem Wort „ich" beginnen.
- Im akademischen Bereich sollten Sie die Personalpronomen der Anrede (z. B. Sie, Ihr, Ihnen, Ihren) großschreiben. Das gilt für Anschreiben und Motivationsschreiben.
- Professor schreibt man in der Anrede aus und kürzt es nicht mit Prof. ab. Es wird nur der höchste Titel genannt: Nach Professor lassen Sie das Dr. weg. Bei Ehrendoktoren lassen Sie das h. c. in der Anrede ebenfalls weg.
- Schreiben Sie Professorinnen an, empfehle ich Ihnen, bei der männlichen Form des Titels zu bleiben. Also „Sehr geehrte Frau Professor … ".
- Nach der Grußformel (z. B. „mit freundlichen Grüßen" oder „mit besten Grüßen") folgt im Deutschen kein Komma. Im Englischen schon.

In diesem Zusammenhang möchte ich Ihnen noch die Regel dafür erklären, ob Sie Ihren **Namen gedruckt** unter den Brief schreiben:
- Dokumente, die Ihren Namen im Briefkopf aufführen und unterschrieben werden, müssen Ihren Namen nicht mehr gedruckt unter der Unterschrift enthalten. Ihr Name geht aus dem Briefpapier hervor.
- Dokumente, die Ihren Namen *nicht* auf einem Briefkopf enthalten und unterschrieben werden, sollten Ihren Namen in gedruckter Form unter der Unterschrift enthalten. Das gilt beispielsweise für das Motivationsschreiben (▶ Abschn. 5.3), das Sie auch ohne einen Briefkopf Ihrer Bewerbung beilegen können.

Beispiel
- Falsch: Sehr geehrte Frau Prof. Dr. Etzenkiel, …
- Falsch: Sehr geehrte Frau Dr. h. c. Etzenkiel, …
- Falsch: Sehr geehrte Frau Professorin Doktor Etzenkiel, …
- Falsch: Sehr geehrte Professorin Doktor Etzenkiel, …
- Richtig: Sehr geehrte Frau Professor Etzenkiel, …
- Richtig: Sehr geehrter Herr Professor …

Weiterhin ist wichtig, dass Sie am Ende Ihres Anschreibens rechts unten eine **Liste mit den beigefügten Dokumenten** (Anlagen) anfügen. Jede Anlage wird in einer neuen Zeile benannt, am besten mit einem Spiegelstrich davor. Aufgeführt werden alle geforderten Dokumente. Mein Beispielanschreiben auf der Produktseite zum Buch gibt Ihnen einige Anregungen, wie Sie das Anschreiben gestalten können.

5.2.2 Leistungsnachweise: Noten, Abiturzeugnis, Sprachzertifikate

🛈 Grundsätzlich gilt: Legen Sie diejenigen Dokumente bei, die auch verlangt werden. Prüfungskommissionen dürfen nur die Dokumente beachten, die sie als relevant aufgelistet haben. So ist es nicht nötig, ein Motivationsschreiben mitzuschicken, wenn dies nicht verlangt wurde. Prüfungskommissionen dürfen es in dem Fall gar nicht beachten. Übertreiben Sie es also nicht, indem Sie der Hochschule lauter unverlangte Nachweise zusenden.

Sie werden Ihrer Bewerbung einen Nachweis aller Ihrer im Rahmen Ihres Studiums erbrachten Leistungen beilegen müssen. Diese Nachweise werden meist mit Notenauszug, Diplomzusatz, „diploma supplement" oder „academic record" bezeichnet. Die Beschaffung dieser **Notenauszüge** ist teilweise zeitaufwändig, wenn Sie einen ersten Auszug vor Ihrem Bachelorabschluss erhalten möchten. Die Auszüge erhalten Sie zumeist im Dekanat oder Studierendensekretariat Ihrer Fakultät und Hochschule. Planen Sie bei der Beantragung der Dokumente mindestens eine Vorlaufzeit von 2 Wochen ein.

Bei einem Studium an einer **internationalen Hochschule** werden Sie nicht nur einen normalen Notenauszug benötigen: Darüber hinaus müssen Sie diesen Notenauszug auch noch übersetzen lassen. Viele deutsche Hochschulen pflegen Ihre Systeme bilingual auf Deutsch und Englisch. In dem Fall haben Sie keinen zusätzlichen Aufwand, Ihnen wird das Dokument schlicht auf Englisch ausgedruckt. Falls Ihre Notenauszüge nur auf Deutsch erhältlich sind, müssen Sie sie übersetzen lassen. Häufig wird dann im sog. **Transcript** die ECTS-Note genannt (▶ Abschn. 2.1.1).

Darüber hinaus sollten Sie Ihr **Abiturzeugnis** beilegen. Das gilt auf jeden Fall, falls Sie noch keinen Bachelorabschluss erreicht haben. Aber auch, wenn Sie bereits Ihr Bachelorzeugnis haben, sollte das Abiturzeugnis auf keinen Fall in Ihrer Bewerbermappe fehlen. Alles andere würde die Verantwortlichen an der Zielhochschule irritieren. Hochschulen legen in der Regel großen Wert darauf, dass das Zeugnis der Bewerbung beiliegt, denn das Abitur ist Ihre Berechtigung, an einer deutschen Hochschule zu studieren. Zudem sollten Sie nicht unterschätzen, dass Teilnehmer der Auswahlkommission stets einen Blick in Ihr Abiturzeugnis werfen und bewerten, ob Ihre damaligen Noten mit dem aktuellen Notenbild stimmig sind.

Viele Masterprogramme, vor allem solche im Ausland, verlangen bestimmte **Zertifikate** (◪ Tab. 5.1), wie z. B. den TOEFL zum Nachweis Ihrer Englischkenntnisse. Die unterschiedliche und schwer vergleichbare internationale Notenstruktur führt aber auch dazu, dass manche Hochschulen von Ihren Bewerbern weitere Tests wie den GMAT oder den GRE verlangen, die über Ihre sprachlichen und kombinatorischen Fähigkeiten Auskunft geben sollen. So wird das Risiko minimiert, den falschen Bewerber auszuwählen, weil man seine Leistungen vor dem Hintergrund eines fremden Notensystems falsch beurteilt hat.

◙ Tab. 5.1 Sprachzertifikate und Leistungstests

Name	Was wird getestet?	Besonderheiten	Kosten[a]	URL
TOEFL (Test of English as a Foreign Language)	Englisch in US-Schreibweise: Hörverständnis, Leseverständnis, Schreiben und Sprechen	Punktzahl von 0–120; der Test ist beliebig häufig wiederholbar; gültig ist er nur für 2 Jahre	245 US-Dollar	www.ets. org/toefl
IELTS (International English Language Testing System)	Englisch in britischer Schreibweise: Hörverständnis, Leseverständnis, Schreiben und Sprechen	Punktzahl von 1–9; sonst wie beim TOEFL: beliebig häufige Wiederholung; gültig für 2 Jahre	217 Euro	www.ielts. org
GMAT (Graduate Management Admission Test)	Mathematische, sprachliche und analytische Fähigkeiten sowie wirtschaftliches Verständnis; indirekt auch Englisch	Punktzahl von 200–800; wiederholbar (aber: die letzten 3 Punktzahlen werden kommuniziert); gültig für 5 Jahre	250 US-Dollar	www. mba.com/
GRE (Graduate Record Examination)	Ähnlich wie GMAT, es werden aber keine Wirtschaftskenntnisse vorausgesetzt	Punktzahl von 130–170; wiederholbar; gültig für 5 Jahre	195 US-Dollar	www.ets. org/gre
DELF (Diplôme d'Etudes en Langue Française) und **DALF** (Diplôme Approfondi de Langue Française)	Tests der französischen Sprache, Sie können sich auf verschiedene Niveaus testen lassen	Test auf Niveaus A1–C2, entweder man besteht oder nicht; unbegrenzt gültig; wiederholbar	Abhängig von der Institution, ca. 40–120 Euro	www.ciep. fr/de/delf-dalf
DELE (Diplomas de Español como Lengua Extranjera)	Spanisch-Sprachtest	Tests auf die Niveaus A1–C2, entweder man besteht oder nicht; unbegrenzt gültig; wiederholbar	114–204 Euro je nach Stufe	www.dele. org/

[a] Die Preise beziehen sich auf das Jahr 2015. Sie können sich inzwischen geändert haben.

Sie sollten sich unbedingt rechtzeitig um diese Zertifikate kümmern. Die Tests haben mitunter eine **Vorlaufzeit** von einigen Monaten. Auf viele müssen Sie sich gesondert vorbereiten. Besonders den GMAT oder den GRE sollten Sie nicht auf die leichte Schulter nehmen. Für die meisten dieser Leistungstests gibt es zahlreiche kostenlose und kostenpflichtige Vorbereitungskurse im Internet. Meistens wird in einem Programm die Testoberfläche originalgetreu simuliert. Ich empfehle Ihnen, sich wenn möglich mit Ihren Kommilitonen den Zugang zu kostenpflichtigen Vorbereitungskursen teilen.

Innerhalb der Europäischen Union sind Sprachniveaus nach dem **Gemeinsamen Europäischen Referenzrahmen** standardisiert. Die beschriebenen Französisch- und Spanischtests beziehen sich direkt auf die 6 Stufen, die der Rahmen bietet. Und auch IELTS und TOEFL sind

▶ Infos zum Gemeinsamen Europäischen Referenzrahmen: http://www.europaeischer-referenzrahmen.de/

umrechenbar. Anhand der Beschreibung der Kenntnisstufen können Sie vermutlich schon gut selbst einschätzen, welches Niveau Sie haben.

5.2.3 Exkurs: Nachreichungen und Ergänzungen zur Bewerbermappe

Vielleicht kennen Sie diese Situation schon aus anderen Bewerbungsverfahren: Der Einsendeschluss kommt näher, doch trotz intensiver Bemühungen haben Sie noch nicht alle erforderlichen Unterlagen zusammen. In vielen Fällen lässt es sich nicht vermeiden, eine **unvollständige Bewerbermappe** zu versenden. Dies gilt vor allem dann, wenn Sie sich noch während Ihrer Bachelorstudienzeit für einen Platz in einem Masterstudiengang bewerben. In diesem Fall werden Sie kaum in der Lage sein, Ihr Abschlusszeugnis vorzulegen. Doch es gibt auch andere Fälle: Möglicherweise haben Sie sich ein wenig zu spät gekümmert und keinen Termin mehr für den TOEFL (▶ Abschn. 5.2.2) bekommen? Oder Ihr Professor hat trotz mehrmaliger Versprechen Ihr Gutachten (▶ Abschn. 5.5) nicht fertiggestellt?

Was auch immer fehlt, ich habe zunächst eine gute Nachricht für Sie: Sie können auch eine unvollständige Bewerbung abschicken, sofern Sie alle selbst angefertigten Unterlagen (also z. B. Lebenslauf, Motivationsschreiben, nicht jedoch: Zeugnisse, Gutachten) beilegen. Falls ein Dokument fehlt, sollten Sie an 2 Stellen Ihrer Bewerbung klar darauf **hinweisen**:

- durch einen Abschnitt im Anschreiben (nicht Motivationsschreiben!), in dem Sie kurz erläutern, welche Unterlagen noch fehlen und bis wann diese nachgereicht werden;
- durch **Platzhalter** in der Bewerbungsmappe: Das sind Blätter, auf denen Sie das Wort „Platzhalter" oder „Stellvertreter" vermerken und darunter anführen, welches Dokument an dieser Stelle zu welchem Zeitpunkt ergänzt werden soll. (Beispiel: „Platzhalter – akademisches Gutachten von Professor Etzenkiel, nachzureichen durch Lehrstuhl Etzenkiel voraussichtlich bis 30. Juni [Jahr]").

Ich rate Ihnen jedoch, sich darum zu bemühen, alle **Unterlagen gemeinsam zu versenden**. Das erspart der Verwaltung der Zielhochschule einen größeren Verwaltungsaufwand. Wenn mehrere Unterlagen fehlen, macht dies leicht einen schlechten Eindruck, und den gilt es zu vermeiden. Denn wie ich Ihnen später schildern werde (▶ Abschn. 5.7), ist es wichtig, ein gutes Verhältnis zur Verwaltung zu haben. Der gute persönliche Kontakt kann Ihnen im weiteren Fortgang ihrer Bewerbung jede Menge Zeit und Aufwand ersparen.

Master nach Plan
- Legen Sie nur die Dokumente bei, die auch verlangt werden.
- Nachreichungen sind meistens möglich – Sie sollten aber klar kommunizieren, wann Sie sie versenden.

- Lassen Sie sich bei internationalen Bewerbungen unbedingt Ihre ECTS-Note ausstellen.
- Machen Sie bei Ihrem Anschreiben keine leicht vermeidbaren Formfehler.

5.3   Motivationsschreiben

Das Motivationsschreiben bildet zusammen mit Ihrem Lebenslauf und den Professorengutachten das Herz Ihrer Bewerbung. Oft wird der Aufwand für ein überzeugendes Motivationsschreiben unterschätzt. Doch mit den richtigen Tipps und einer **guten Struktur** haben Sie schon die Hälfte geschafft. Und diese Struktur liefere ich Ihnen. Aber seien Sie sich bewusst: Das ist keine Anleitung! **Ich schreibe für den verständigen Leser.** Ich habe schon viele meiner Ratschläge und Formulierungen so aus dem Zusammenhang gerissen gesehen, dass aus einem treffenden Tipp ein Schuss in den Ofen wurde. Das heißt: Nutzen Sie ihren Kopf. Wenn Sie meinen Tipps irgendwie folgen, aber keine eigene Idee haben, was Sie eigentlich ausdrücken wollen, werden Sie kein gutes Motivationsschreiben abliefern.

Auf der Produktseite des Buchs finden Sie zahlreiche Beispiele für gelungene Motivationsschreiben und Professorengutachten (► Abschn. 5.5) – und zwar auf Deutsch und Englisch. Diese können Sie bei Ihrer Bewerbung als Anregung nutzen. In den Dokumenten bin ich immer **von fiktiven Bewerbenden** und genauso fiktiven Hochschulen ausgegangen. Alle Namen sind ausgedacht, Ähnlichkeiten allerdings natürlich beabsichtigt: Die Anschreiben sollen Ihnen ja helfen. Bei den englischsprachigen Dokumenten orientiere ich mich an der britischen Rechtschreibung – bei einer Bewerbung in den Vereinigten Staaten sollten Sie die Rechtschreibung angleichen. Die Musterdokumente beziehen sich in der Regel auf überdurchschnittliche Studierende – dennoch habe ich einige Brüche eingebaut.

► Musterdokumente unter http://www.springer.com/book/9783662503089

🛈 Kopieren Sie nicht! Musterdokumente sind ein zweischneidiges Schwert: Sie helfen Ihnen einerseits, andererseits ist die Verlockung groß, Teile für sich selbst zu nutzen. Machen Sie sich bewusst: Plagiate sind an Hochschulen extrem verpönt. Nutzen auch andere Bewerber meine Tipps, kann Ihre Kopie schnell auffliegen. Im schlimmsten Fall werden Sie dann nicht für den Master genommen.

Bevor ich nun auf die einzelnen Elemente einer Bewerbungsmappe eingehe, möchte ich Sie noch auf ein zentrales Merkmal einer Bewerbung im Hochschulsektor hinweisen:

🛈 Bevor Sie zu schreiben anfangen, sollten Sie sich bewusst machen, dass Sie drei Botschaften vermitteln wollen.
   1. den Grund, aus dem Sie das Studium anstreben,

2. warum gerade Sie besonders geeignet und motiviert sind, dieses Studium durchzuführen, und
3. inwiefern Ihre Zielhochschule und der Studiengang von Ihnen und Ihrer Leistung profitieren.

Ein Motivationsschreiben für ein Masterstudium ist etwas anderes als ein Bewerbungsschreiben für eine Festanstellung oder ein Praktikum. Der Hauptunterschied liegt in der Art Ihrer Präsentation. An vorderster Stelle stehen Ihre **akademischen Fähigkeiten** – vor allem, wenn Sie sich für einen konsekutiven (▶ Abschn. 2.2.1), wissenschaftlichen Master entscheiden. Berufserfahrung und soziales Engagement dagegen sollten nur bei praxisorientierten Mastern im Mittelpunkt stehen.

Gerade bei Bewerbungen für Hochschulen gilt: **Auf den Inhalt kommt es an** – denn es werden keine Verkäufer gesucht. Hochschulen möchten Studierende, die motiviert sind und intelligent argumentieren können. Im Motivationsschreiben muss daher gezeigt werden, dass man sich mit dem angestrebten Studium auseinandergesetzt hat. Dazu sollte man recherchieren: Wichtig können Dinge wie die Studienschwerpunkte, die Professoren, die Zusammensetzung der Studierenden, die internationalen Kooperationen oder das Standing in den wichtigen Rankings sein. Aus all diesen Dingen können sich gute Argumente ergeben. Meist muss man gar nicht lange suchen: Universitäten heben ihre Vorteile in den eigenen Broschüren hervor.

Die **Länge eines Motivationsschreibens** beträgt typischerweise etwa 500–750 Wörter, wenn Ihre Hochschule keine anderen Vorgaben macht. Ich rate Ihnen, eher an der unteren Grenze zu bleiben. Denken Sie daran, dass manche Auswahlkommissionen über 100 Bewerbungen sichten müssen. Für präzise, zielführende und nicht ausufernde Motivationsschreiben wird man Ihnen sehr dankbar sein.

ⓘ Auf folgende Aspekte sollte Ihr Motivationsschreiben eingehen:
  ▬ Ihr bisheriges Studium,
  ▬ Ihre Erfahrungen mit akademischen Herausforderungen,
  ▬ akademische Schwerpunkte Ihres Lebenslaufes (2–3 wichtige Punkte),
  ▬ (falls relevant) passende praktische Erfahrungen,
  ▬ Begründung, warum Sie ausgerechnet in diesem Studiengang studieren möchten,
  ▬ etwas Honig um den Mund der Zielhochschule und
  ▬ Ihre beruflichen Ziele.

Die meisten Hochschulen machen Ihnen **Vorgaben**, was Sie in Ihrem Motivationsschreiben hören möchten. Diese werden sich weitestgehend mit dem decken, was Sie hier lesen. Trotzdem gibt es auch Ausnahmen. Manche Hochschulen verlangen Essays zu Ihrer Motivation und zu einem aktuellen Problem Ihres Fachbereichs. Auch in diesem Fall werden Sie viele der nachfolgenden Hinweise gewinnbringend verwenden. Achten Sie aber darauf, auf alles einzugehen, was die Zielhochschule thematisch für das Motivationsschreiben vorgibt.

Viele Bewerber fragen sich, ob sie das Motivationsschreiben mit einem **Briefkopf** versehen müssen oder nicht. Die Antwort: Beides geht. In Ihrem Anschreiben haben Sie bereits Ihre Kontaktdaten im Briefkopf angegeben. Dies müssen Sie bei Ihrem Motivationsschreiben nicht zwangsläufig wiederholen. Gleichzeitig können Sie Ihren Briefkopf verwenden, wenn Sie es von der Gestaltung her bevorzugen.

Ich erkläre Ihnen nun Schritt für Schritt, wie ein gelungenes Motivationsschreiben aussieht.

5.3.1 Grundstruktur

Es gibt eine riesige Anzahl an möglichen Strukturen für Motivationsschreiben. Mein erster Rat lautet immer: **Entwickeln Sie Ihre eigene**. Je individueller ein Motivationsschreiben ist, desto besser. Halten Sie sich nicht an Standardformulierungen, argumentieren Sie offen und ehrlich aus sich selbst heraus. Wenn Sie das Selbstbewusstsein haben, ein guter Texter zu sein, sollten Sie Ihre eigene Struktur finden.

Gleichzeitig weiß ich, dass eine runde Struktur für viele Leute eine **große Herausforderung** ist. Nicht jeder ist ein guter Texter. Daher biete ich Ihnen im Folgenden Beispielstrukturen an. Diese können Sie einfach in Ihr leeres Dokument kopieren und dann die entsprechenden Teile schreiben. Denn ich weiß selbst: Kann man sich an einer Struktur entlanghangeln, fällt das Schreiben gleich leichter. Außerdem können Sie sich mit einem schlecht strukturierten Schreiben viele Steine in den Weg legen.

Wenn Sie also eine vorgegebene Struktur nutzen wollen, rate ich Ihnen, Ihre Bewerbung **chronologisch aufzubauen**. Das heißt: Sie beginnen bei den frühesten relevanten Erfahrungen. Im Regelfall handelt es sich um Ihre Beweggründe für die Wahl Ihres Bachelorstudiums. Von da aus tasten sich dann voran. Konkret könnte das folgendermaßen aussehen:

Beispiel

Beispielstruktur eines Motivationsschreibens
1. Einleitung
2. Grund für die Wahl des Bachelors (1 Absatz)
3. Bisheriges Studium: Schwerpunkte, Bachelorarbeit (2 Absätze)
4. Passende Praxiserfahrungen (0–2 Absätze, je nach Praxisorientierung des Programms)
5. Zukunft: Was wollen Sie mal werden? (1 Absatz)
6. Grund für Zielprogramm und -hochschule (1–2 Absätze)
7. Schlusssatz und Grußformel (1 Absatz)

🛈 Mir hilft es bei längeren Texten immer, wenn ich durch die Titel der Blöcke mein Schreiben vorstrukturiere. Mein Tipp also: Nutzen Sie die Themen aus der Beispielstruktur als provisorische Überschriften und füllen Sie die Absätze Stück für Stück. So wird Ihnen der Schreibprozess deutlich leichter fallen. Natürlich

können Sie von dieser Struktur individuell auch stark abweichen –
es handelt sich ja um Ihr Leben!

Übrigens: Ihr Lebenslauf liegt Ihren Bewerbungsunterlagen bereits bei.
Es ergibt daher wenig Sinn, einfach die wichtigsten Stationen im Motivationsschreiben zu wiederholen – ein bekannter Anfängerfehler. Ich
warne sogar davor, dies zu tun, denn für geübte Leser ist die Wieder-
holung des Lebenslaufes ein klares Signal für Nachlässigkeit und mangelnde Ideen. Beschränken Sie sich auf die Dinge in Ihrem Lebenslauf,
die Sie besonders beeinflusst haben und die vor allem **für Ihr Masterstudium relevant** sind.

5.3.2 Einstieg

Mir persönlich ist bei Bewerbungen immer der Einstieg **am schwersten
gefallen**. Ich wollte einerseits nicht durch bekannte Formeln langwei-
len, andererseits auch nicht danebengreifen, indem ich gestelzte Thesen
bringe. Denn klar ist: Der erste Satz Ihres Motivationsschreibens ist
äußerst wichtig. Da Motivationsschreiben keine Überschriften haben,
steht der erste Satz ganz zuoberst. Er ist der Satz, der am ehesten in
Erinnerung bleibt.

Ich schlage Ihnen drei Varianten für einen guten Einstieg vor. Alle
drei funktionieren und sind vielfach in der Praxis getestet.

5.3.2.1 Der Klassiker

Beispiel
Sehr geehrte Damen und Herren,
meine Bewerbung um einen Studienplatz im Master in Philosophy and
Economics begründe ich wie folgt:

Mit diesem Satz können Sie nichts falsch machen. Dieser Anfang ist
nicht der kreativste, hat aber seinen Charme: Sie können im Anschluss
ohne weitere Überleitung zum Inhalt kommen.

Sie haben übrigens sicher gemerkt, dass ich nicht den anderen
Klassiker „hiermit bewerbe ich mich ... “ gewählt habe. Das ist eine
bewusste Entscheidung. „Hiermit bewerbe ich mich ... “ ist ein All-
gemeinplatz. Da Ihr Motivationsschreiben Teil eines Stapels Bewerbungsunterlagen ist, ist dem Lesenden logischerweise bereits bekannt,
dass Sie sich bewerben. Die oben genannte Variante besticht dagegen
durch Direktheit.

5.3.2.2 Der Elevator Pitch

Der Begriff „**Elevator Pitch**“ stammt aus dem Marketing. Er bedeutet, dass man innerhalb der Dauer einer Fahrstuhlfahrt seine wichtigsten Werbeaussagen vorbringen können soll. Im Beispiel eines

Motivationsschreibens heißt das: Sie fassen Ihre Bewerbung im ersten Absatz zusammen. Das könnte z. B. so aussehen:

Beispiel

Sehr geehrte Damen und Herren,
mein berufliches Ziel ist es, eine Führungsposition in der Privatwirtschaft zu übernehmen. Um diese Aufgabe akademisch fundiert ausüben zu können, möchte ich eine bestmögliche wissenschaftliche Qualifikation erwerben. Ihr Masterprogramm in International Business sehe ich dafür als idealen Ausgangspunkt. Mit meinen sehr guten Studienleistungen in meinem Bachelor in Betriebswirtschaftslehre an der Universität zu Köln und meinem studentischen Engagement im Fachschaftsrat meiner Fakultät sehe ich mich als gut geeignet, den Master erfolgreich zu studieren und positiv zum Campusleben beizutragen.

In dem Beispiel haben wir es mit einem ehrgeizigen BWL-Studierenden zu tun, der sich für einen entsprechenden Master bewirbt. Die besten Argumente des Bewerbenden:

- Er hat mit 1,4 oder besser abgeschnitten (andernfalls kann man nicht von „sehr guten Studienleistungen" sprechen);
- er hat sich viel an der bisherigen Hochschule engagiert;
- er möchte beruflich hoch hinaus.

Diese Punkte müssen dann natürlich im späteren Verlauf des Schreibens weiter ausgeführt werden. Der Pitch hat den Vorteil, dass jeder Leser sofort einen **Überblick** hat. Der Nachteil: Sie wiederholen sich.

5.3.2.3 Der Kreative

Sie stellen dem Motivationsschreiben eine zum angestrebten Masterstudiengang passende **These** voran. Diese kann und soll durchaus strittig sein.

Beispiel

Sehr geehrte Damen und Herren,
sind die Demokratien Lateinamerikas Verlierer der Globalisierung? Meiner Meinung nach nicht!

Allerdings müssen Sie die These in einem etwaigen Gespräch auch **gut verteidigen** können. Wenn Sie eine These nur auswählen, weil Sie gut klingt, kann Ihnen das später mehr schaden als nützen. Ebenfalls sollten Sie die Zielgruppe im Auge behalten. Für einen BWL-Master sollten Sie auf allzu globalisierungskritische Thesen verzichten. Und wenn Sie sich in einer Bewerbung für einen naturwissenschaftlichen Studiengang als Kreationist outen, ist Ihr Misserfolg so sicher wie das Amen in der Kirche.
Wenn Sie einen wirklich gelungenen kreativen Einstieg schaffen, haben Sie allerdings schon fast gewonnen, solange Sie sich im weiteren Verlauf keine herben Fehler erlauben. Der erste Satz Ihres Motivationsschreibens bleibt den Lesern als Ihr **persönliches Markenzeichen**

in Erinnerung – wenn er originell ist, werden Sie immer mit ihm identifiziert werden.

5.3.3 Hauptteil

Im Hauptteil müssen Sie argumentieren – und zwar mit klarem Blick auf den angestrebten Master. Schreiben Sie also nicht alles, was Sie gemacht haben. **Fokussieren Sie** sich auf die wirklich guten und relevanten Punkte.

5.3.3.1 Ihr bisheriges Studium

Idealerweise stellen Sie Ihren bisherigen Weg als **roten Faden** dar, in dem der angestrebte Master ein logisches Element ist. Auch wenn Sie nicht von Anfang an einen solchen Masterplan verfolgt haben – es ist immer gut, wenn Sie eine entsprechende Geschichte erzählen können. Darüber hinaus sollten Sie darstellen, dass Sie akademisch professionell arbeiten und dies mit Beispielen belegen.

Betonen Sie in jedem Fall, dass Sie sich damals bewusst für Ihren Bachelor entschieden haben – selbst wenn das gar nicht stimmt. Zählen Sie Ihre Gründe auf. Beschreiben Sie **kurz Ihr bisheriges Studium**. Haben Sie sich in Ihrem Bachelorstudium auf bestimmte Fachgebiete spezialisiert, sollten Sie auch dies erwähnen. Besonders wichtig sind natürlich die Fächer, die Ihnen Anknüpfungspunkte zum Masterprogramm liefern. Heben Sie diese besonders hervor.

Beispiel
Für mein Bachelorstudium in Internationalen Beziehungen entschied ich mich vor allem aufgrund meines großen gesellschaftspolitischen Interesses: Bereits als Schülerin war ich u. a. als Schulsprecherin, in der Schülerzeitung sowie in der Flüchtlingshilfe sehr engagiert. Durch meinen einjährigen Auslandsaufenthalt in Spanien war mir zudem schon früh klar, dass ich später international würde arbeiten wollen.

Doch was tun, wenn Ihr Studium beim besten Willen keinem klaren roten Faden folgt? Vielleicht haben Sie nicht auf Anhieb das Fach gefunden, das zu ihnen passt. Oder möglicherweise möchten Sie Ihren Masterabschluss in Ihrem ursprünglichen Nebenfach machen. Machen Sie sich keine Sorgen, auch **Umwege** können Sie erklären: Schildern Sie beispielsweise, wie Sie durch die Beschäftigung mit einem bestimmten Thema merkten, dass Sie Ihr Nebenfach viel spannender fanden. Und sollten Sie davor bereits einmal ein Studium abgebrochen haben, müssen Sie dies gar nicht thematisieren, es tut ja nichts zur Sache.

In jedem Fall sollten Sie hervorheben, dass Sie sich in Ihrem bisherigen Studium immer **aktiv eingebracht** haben, z. B. als Tutor. Haben Sie vielleicht bei einer Professorin studiert, von der Sie wissen, dass sie in Ihrem Fachgebiet besonders anerkannt ist? Das ist ein Pluspunkt. Vielleicht hat sie sogar gute Kontakte zu Ihrer Zielhochschule (▶ Abschn. 4.2.1)? In diesen Fällen könnten Sie beispielsweise erwähnen, wie sehr Sie die Arbeit mit dieser Lehrenden inspiriert und weitergebracht hat.

5.3.3.2 Das angestrebte Studium

Sie müssen darlegen, warum Sie sich **speziell für Ihr Fach** interessieren. Zu sagen, dass Sie sich für das Fach bereits seit Langem interessieren, mag sich für Sie plump anhören. Doch Ihre Begeisterung für das spezielle Programm sollten Sie unbedingt zum Ausdruck bringen. Relativ leicht ist dies bei spezialisierten Programmen, bei denen es sich um Teilbereiche eines größeren Fachspektrums handelt. Denn hier können Sie die speziellen Merkmale des Programms relativ einfach aufzählen. Doch auch, wenn Sie einen inhaltlich breit angelegten Masterstudiengang belegen, wird es besondere Merkmale des Programms geben. Fragen Sie sich, was den Studiengang für Sie so attraktiv macht und schreiben Sie es auf.

Einige Beispiele für mögliche Besonderheiten des Programms:

- internationale Ausrichtung von Studium, Lehre, Lehrenden und Studierenden (▶ Abschn. 4.4),
- gute Betreuung,
- international bekannte Professoren,
- Spitzenwertung in Rankings (▶ Abschn. 4.3.3),
- Verknüpfung von zwei oder mehr von Ihren Studienschwerpunkten,
- besonderes Vorlesungsangebot.

Es wird Ihnen nicht schwerfallen, entsprechende Punkte zu finden, da die Hochschulen ihre Vorzüge selbst hervorheben. Schauen Sie einfach in die **Werbeunterlagen** für Inspirationen!

Darüber hinaus sollten Sie klar zum Ausdruck bringen, dass Sie sich der **Herausforderungen** des Masterstudiums bewusst sind. Professoren hören nicht gerne, wenn man den Eindruck erweckt, man könne das Studium kinderleicht schaffen. Zeigen Sie, dass Sie die Herausforderung kennen und sich ihr stellen möchten.

> ℹ️ Wie so oft, gilt es, ein gewisses Maß zu halten. Wenn 50% Ihres Motivationsschreibens daraus bestehen, wie wunderbar Sie das angestrebte Studium finden, haben Sie etwas falsch gemacht. Sagen Sie es in wenigen Sätzen und immer anhand von Beispielen. Lassen Sie sich von den Mustern auf der Internetseite zum Buch inspirieren.

5.3.3.3 Praktische Erfahrungen

Relevante praktische Erfahrungen sind in der Masterbewerbung definitiv ein Plus. Aber: Viele Dinge sind gar nicht relevant. Sie sollten ausschließlich Erfahrungen nennen, die Sie auch tatsächlich für den Master qualifizieren.

ℹ️ Im Gegensatz zu klassischen Bewerbungen sind Ihre praktischen Erfahrungen nicht besonders wichtig, wenn Sie sich für einen wissenschaftlich orientierten Masterstudiengang bewerben.

Ein paar Beispiele zur Einordnung:

- Ihr **Praktikum** in einer Nichtregierungsorganisation wird bei einer Bewerbung für einen Soziologie-Master auf wenig Interesse stoßen. Wenn Sie sich dagegen für einen Master in Non-Profit-Management bewerben, ist das Praktikum hochgradig relevant.
- Wenn Sie ein Praktikum in einem **Forschungsinstitut** gemacht oder an einem Lehrstuhl gearbeitet haben, ist das für einen forschungsorientierten Master von großem Vorteil.
- Sie haben einen Bachelor in Politik und Geschichte und möchten einen Master in Lateinamerikanistik machen? Ein **Austausch**, eine Reise, ein Sprachkurs oder ein Praktikum in der Region wären gute Argumente für Ihr Interesse. Wenn Sie dagegen einen Master in Militärgeschichte machen möchten, sind ihre Aktivitäten in Lateinamerika vermutlich eher egal.

Soziales Engagement ist zumindest für forschungsorientierte Masterprogramme unwichtig. Mit einer Ausnahme: Sie haben aktiv und konstruktiv an der Universitätspolitik mitgearbeitet. Hatten Sie vielleicht einen Sitz in einem Universitätsgremium? Haben Sie eine Lehrveranstaltung oder ein Hochschulkolloquium organisiert? So etwas wird gerne gesehen. Allerdings: Dass Sie im vergangenen Jahr eine Hochschulblockade organisiert haben, sollten Sie unerwähnt lassen. Wichtig ist, dass das erwähnte Engagement ein konstruktives Engagement war – Quertreiber sind im Bereich der Hochschule nicht besonders gut gelitten.

Wenn Sie dagegen etwas **Praxisorientiertes** studieren möchten, beispielsweise einen weiterbildenden Master (▶ Abschn. 2.2.2), ist passendes soziales Engagement ein gutes Argument.

5.3.3.4   Berufswünsche

Ihre Zielhochschule möchte wissen, wohin Sie mit Ihrem Master möchten. Geben Sie sich **ambitioniert**! Sagen Sie, dass Sie verantwortliche Positionen anstreben. Ganz besonderes Augenmerk legen Business-Studiengänge auf ihre beruflichen Wünsche. Seien Sie aber auch nicht unrealistisch, sonst hält man Sie für aufschneiderisch. Bei der Wahl Ihres Berufsbildes orientieren Sie sich am besten an den dargestellten Berufsbildern der Hochschulbroschüren.

ℹ️ Professoren an Universitäten möchten den wissenschaftlichen Nachwuchs fördern. Wenn Sie sich für einen konsekutiven Master an einer Uni bewerben, kann Ihnen durchaus helfen, wenn Sie angeben, dass Sie möglicherweise im Anschluss eine Doktorarbeit schreiben möchten (möglichen Themenbereich angeben!) oder gar eine akademische Karriere anstreben – selbst wenn dies nicht Ihre oberste Priorität ist. Natürlich sollten Sie Ihren Promotionswunsch ausreichend begründen können.

5.3.4 Schluss

Im letzten Absatz können Sie noch einmal **zusammenfassen**, wie überzeugt Sie von dem Masterprogramm sind und wie sehr Sie sich eignen, hier zu studieren. Schließen können Sie mit einer Abschlussformel. Eine Möglichkeit dafür wäre folgender Satz:

Beispiel
Über eine positive Entscheidung zu meiner Bewerbung würde ich mich daher sehr freuen.

Sieht das Bewerbungsverfahren ein persönliches Vorstellungsgespräch vor, können Sie z. B. so Ihre Bewerbung beenden:

Beispiel
Ich würde mich daher sehr freuen, wenn ich Ihnen im Rahmen der Auswahlgespräche im [Monat] die Beweggründe meiner Bewerbung persönlich schildern dürfte.

5.3.5 Exkurs: Die 10 häufigsten Fehler im Motivationsschreiben

Ich habe schon hunderte von Motivationsschreiben gelesen. Einige Fehler tauchen dabei wiederholt auf. Damit Sie sie vermeiden können, zähle ich hier die Fehlgriffe auf, die nach meiner Erfahrung am häufigsten vorkommen.

5.3.5.1 Allgemeinplätze und Aussagen ohne Inhalt

Es ist ganz normal, dass wir in unserer Kommunikation offensichtliche oder sinnlose Dinge sagen. Wir sprechen über das Wetter und sagen Dinge wie „kalt draußen". Oder wir beklagen jedes Jahr aufs Neue, dass die Weihnachtssachen „dieses Jahr noch früher" in den Verkauf gehen. Das ist in der mündlichen Kommunikation ganz normal. Nur im Motivationsschreiben sollten Sie den wertvollen Platz nicht mit **Allgemeinplätzen** verschwenden.

Schlecht
„Bildung ist die Basis für Wachstum und Chancengerechtigkeit." oder „Die Vorlesungen meines Bachelorstudiums waren durchweg sehr interessant."

Seien Sie immer spezifisch. Wer über die Gesellschaft oder auch seinen Bachelor nur allgemeine Dinge sagen kann, wird schnell abgestempelt als jemand, der es nicht drauf hat.

5.3.5.2 Zu viele Motivationsformeln, zu wenig Inhalt

Einige Bewerber glauben, dass „Motivationsschreiben" bedeutet, die eigene Motivation in möglichst vielen Varianten zu betonen.

Schlecht

„Ich bin von Ihrem einmaligen Programm und Ihrer Universität begeistert und wäre stolz und motiviert, bei Ihnen studieren zu dürfen."

Für sich genommen ist der Satz zwar in Ordnung. Besser ist es allerdings, die eigene Motivation auch **mit Argumenten** zu unterlegen.

Besser

„Ihr Masterprogramm überzeugt mich aufgrund der einzigartigen Kombination der Bereiche Philosophie und Betriebswirtschaftslehre. Dass Ihre Hochschule im diesjährigen Ranking der Financial Times eine hohe Platzierung erreichen konnte, spricht für Ihre Qualität und motiviert mich, als Studentin Teil Ihrer Universität zu werden."

5.3.5.3 Kein Bezug zum Studiengang

Die meisten Bewerber nutzen dasselbe Motivationsschreiben für mehrere Masterprogramme. Dabei machen einige allerdings den Fehler, keine oder so gut wie keine Anpassungen vorzunehmen. Heraus kommt dann ein generisches Schreiben, das keinen Bezug zum angestrebten Studium herstellt. Ein Fehler! Sie müssen detailliert darlegen, warum Sie genau an der Hochschule den Studiengang studieren möchten, für den Sie sich bewerben. Nehmen Sie sich also die Zeit und **passen Sie Ihre Motivationsschreiben individuell an**.

5.3.5.4 Angeberei

Natürlich zeigt man sich in Motivationsschreiben von seiner besten Seite. Natürlich sollte man selbstbewusst wirken. Wer es aber übertreibt, wirkt wie im echten Leben: unsympathisch. Wenn Sie sehr gut sind, wird das durch Ihren Lebenslauf klar. Sie werden dann gute Noten erhalten und beeindruckende Projekte auf die Beine gestellt haben. Wenn Sie bereits viele großartige Dinge geleistet haben, müssen Sie nicht angeben – die Ergebnisse sprechen für sich selbst.

Schlecht

„Um unabhängig arbeiten zu können, bedarf es herausragender Organisationsfähigkeiten, außergewöhnlicher Führungsstärke und überragender Kreativität. Diese Fähigkeiten konnte ich mir während meines

Praktikums bei Siemens in Vancouver, sowie als Mitbegründer eines Blogs zu Kaffeespezialitäten aneignen."

5.3.5.5 Selbstcharakterisierungen

Vielleicht sind Sie versucht, Ihre herausragenden Charaktereigenschaften im Motivationsschreiben mit einzubringen. Dass Sie belastbar sind, teamfähig, sensibel und verantwortungsvoll. Tun Sie es nicht. Ihre Charaktereigenschaften ergeben sich aus dem, was Sie tun. Wenn Sie seit Ewigkeiten Kirchenfreizeiten leiten, wenn Sie sich im Sportverein engagieren, wenn Sie im Fachschaftsrat mitarbeiten, sagt das tausendmal mehr aus, als wenn Sie von sich behaupten, ein so netter Mensch zu sein.

Schlecht

„Dabei darf ich mich selbst als sehr belastungsfähig erleben, da ich in Extremsituationen handlungsfähig bleibe und unter großem Druck verantwortungsvolle Entscheidungen treffen kann".

„Ich verfüge über Teamfähigkeit, ausgezeichnete Ausdrucksweise und Präsentationssicherheit, souveränes Auftreten, klare Ziel- und Ergebnisorientierung, Zuverlässigkeit sowie Freude am Kontakt mit Menschen aller Nationalitäten".

„Mit meinen exzellenten Kenntnissen in Ökonometrie und Finance sehe ich mich als ideal geeignet, Ihren Master mit großem Erfolg zu studieren."

Besser

„In meinem Praktikum musste ich regelmäßig mit Drucksituationen positiv und rational umgehen"

„In Projekt XY arbeiteten wir über Monate hinweg eng im Team zusammen, um gemeinsam unser Ziel zu erreichen."

„Mit meinen guten Noten in Ökonometrie und Finance bin ich überzeugt, die Voraussetzungen für Ihren Master voll zu erfüllen."

5.3.5.6 Abschreiben

Schreiben Sie nicht ab – und zwar auch nicht aus den Beispielmotivationsschreiben aus diesem Buch! Denn: Auch andere lesen dieses Buch. Und Professoren werden schnell stutzig, wenn sich Formulierungen wiederholen. Tatsächlich habe ich schon Rückmeldungen von mehreren Professoren erhalten, die Formulierungen erhalten haben, die Bewerber auf meiner Webseite gefunden haben. Für die betroffenen Bewerber ist das natürlich nachteilhaft. Lassen Sie sich also inspirieren – aber plagiieren Sie nicht!

5.3.5.7 Rechtschreibfehler

Kein Fehler kickt mehr aussichtsreiche Studierende aus Bewerbungsverfahren als Rechtschreibfehler. Mehr als die Hälfte aller Motivationsschreiben, die ich lese, enthalten **krasse Fehler**. Besonders häufig übrigens: Kommafehler. Das ist tödlich bei der Bewerbung an einer wissenschaftlichen Institution. Dabei ließe es sich leicht vermeiden: Word filtert schon einiges heraus (wenn man denn die Vorschläge ernst nimmt). Die verbleibenden Fehler lassen sich durch Freunde und Verwandte eliminieren. Man sollte sich allerdings jemanden suchen, der wirklich gut schreiben kann – und es nicht nur von sich selbst behauptet.

5.3.5.8   Passivformulierungen

Im Studium gewöhnen sich viele Studierende an, alle Sätze passiv zu formulieren. Das klingt zwar nie gut, ist in Hausarbeiten aber kein Problem. Anders bei Bewerbungen: Passivformulierungen lassen Sie unbeteiligt und träge aussehen. Sie sollten stets **aktiv formulieren**. Lesen Sie mal die beiden folgenden Sätze:

Beispiel

Passiv: „Im Praktikum konnte ich den Kurs ‚Gesundheitsrisiken im Alltag‘ belegen, in dem uns beigebracht wurde, wie risikoreiches Verhalten von Patienten von uns erkannt und damit von vornherein verhindert werden kann."

Aktiv: „Im Praktikum nahm ich u. a. am Kurs ‚Gesundheitsrisiken im Alltag‘ teil. Hier lernte ich, potenziell risikoreiches Verhalten von Patienten zu erkennen – und entsprechend zu verhindern."

Im aktiv formulierten Satz sind Sie der Handelnde. Bei der Passivformulierung wirkt es eher so, als wären Ihnen die Dinge irgendwie zugestoßen.

5.3.5.9   Zitate

Zitate wirken immer belanglos. Ich habe noch keine Bewerbung gesehen, die durch ein Zitat verbessert worden wären. Meistens werden sie verschlechtert.

Beispiel

Gute Zitate, sie gehören trotzdem nicht ins Motivationsschrieben: „Wissen Sie, es gibt Leute, die lieben ihr Vaterland, indem sie foltern. Ich liebe mein Land, indem ich meinen Staat kritisiere." Orhan Pamuk

„Jede Vorstellung ist eine Verallgemeinerung, und diese gehört dem Denken an. Etwas allgemein machen, heißt, es denken." G.W.F. Hegel

5.3.5.10   Einladung vorwegnehmen

Tun Sie nicht so, als hätten Sie die Einladung bereits in der Tasche. Das sollten Sie dem Auswahlkomitee überlassen.

Schlecht

„Ich freue mich darauf, meine Bewerbung mit Ihnen im Auswahlgespräch zu erörtern."

Sie wirken keineswegs selbstbewusst, wenn Sie bereits von einer Einladung ausgehen. Sie wirken unverschämt.

Besser

„Ich würde mich sehr über die Gelegenheit freuen, meine Motivation im Auswahlgespräch näher zu erörtern."

Sie wirken keineswegs demütig, wenn Sie im Konjunktiv sprechen. Sie wirken höflich und realistisch.

Master nach Plan

- Beim Motivationsschreiben müssen Sie vor allem Ihre Kompetenz unterstreichen.
- Mit einer chronologischen Struktur lässt sich gut arbeiten.
- Lassen Sie Ihr Motivationsschreiben von jemandem kritisch gegenlesen.
- Schreiben Sie nicht ab!

5.4 Lebenslauf

Im Gegensatz zum Motivationsschreiben müssen Sie sich beim Verfassen Ihres Lebenslaufes für eine Bewerbung an einer Hochschule nur geringfügig umstellen. Es gelten grundsätzlich die gleichen Regeln wie für einen **klassischen Lebenslauf**. Der einzige Unterschied ist, dass Sie auch hier Ihre universitären Leistungen stärker in den Mittelpunkt rücken sollten als Ihre Praktika.

Vielleicht möchten Sie sich übrigens nicht nur an meinem Beispiellebenslauf orientieren. Wenn Sie **weitere Beispiellebensläufe** suchen, rate ich Ihnen zum Europäischen Lebenslauf (auch: **Europass-Lebenslauf**), der von der Europäischen Union als Standardempfehlung festgelegt wurde. Praktisch: Auf der Webseite gibt es einen Editor, mit Hilfe dessen Sie Ihren Europass-Lebenslauf einfach automatisch erstellen lassen und dann in verschiedenen Formaten herunterladen können. Der Europass ist inhaltlich sehr gut strukturiert. Das einzige Problem: Optisch macht er nicht allzu viel her. Mein Rat: Sehen Sie sich den Europass an, erstellen Sie vielleicht auch einen eigenen Lebenslauf im Editor – und dann ändern Sie Inhalt und Design nach Ihren Vorstellungen.

► Auf der Produktseite zum Buch http://www.springer.com/book/9783662503089 finden Sie einen Musterlebenslauf auf Deutsch und einen auf Englisch.

► Europäischer Lebenslauf: www.europass-info.de

▪ ▪ Der Lebenslauf: Worum geht es?

Was ist das Ziel eines Lebenslaufes? Was soll er leisten? Eigentlich ist es einfach: Es geht darum, **alle Stationen und Aktivitäten im bisherigen Leben schnell erfassbar zu machen**. Der Leser muss auf den Lebenslauf schauen und sich innerhalb von wenigen Sekunden ein Bild machen können. Ein Lebenslauf leistet dies dann, wenn er ein klares Design hat und nicht durch Textwüsten verwirrt. Wenn er die wichtigsten Informationen voranstellt und nicht irgendwo versteckt. Wenn er nicht zu wenig sagt, aber auch nicht zu viel. Und wie das genau geht, erfahren

Sie im Folgenden sowie in den beiden Musterlebensläufen auf der Produktseite zum Buch. Mein Rat: Schauen Sie sich beim Lesen des Musterlebenslauf an. Dann können Sie meine Argumente anhand des Beispiels direkt nachvollziehen.

> ℹ️ Die Grundfrage beim Lebenslauf sollte immer lauten: An wen geht der Lebenslauf? Sie werden immer leicht unterschiedliche Schwerpunkte setzen. So werden Sie beispielsweise bei einer Bewerbung für ein Bankpraktikum Ihre Zeit als Messdiener nicht erwähnen – sie ist schlicht irrelevant. Bewerben Sie sich dagegen um ein Stipendium beim katholischen Cusanuswerk, wäre diese Information hochgradig relevant.

5.4.1   Grundsätzliches zum Lebenslauf

Mit einem guten **Design** wirkt Ihr Lebenslauf klar, aufgeräumt und überlegt. Nutzen Sie also keine überflüssigen Schmuckelemente wie Linien und Zierleisten. Für die Musterlebensläufe habe ich die Schriftart „Helvetica" genutzt, die Schriftgröße ist 10. Andere gute Schriftarten sind Lucida, Calibri, Verdana, Euphemia, Sathu, Myriad Pro oder Arial. Wichtig ist, dass die Schrift seriös aussieht und gut leserlich ist. Ganz schlecht dagegen: alberne Schriftarten wie Comic Sans. Auch Times New Roman wirkt inzwischen eher altbacken.

Ganz generell gilt beim Design: Bleiben Sie **schlicht und übersichtlich**. Verzichten Sie unbedingt auf Schmuckelemente wie Linien, Kästen, Farben oder ähnlichem. Sie werden in meinem Beispiellebenslauf sehen, dass man sehr gut ohne diese Elemente auskommt.

Lebensläufe sind von der Form her in der Regel tabellarisch. **Chronologisch** beginnt man mit den neuesten Dingen und arbeitet sich dann zeitlich rückwärts vor. So ist der erste Beitrag im Bereich **Ausbildung** bei einem Bachelorabsolventen immer das Bachelorstudium. Darunter erst kommt das Abitur. Ihre Eltern haben dies möglicherweise noch anders gemacht; sie haben die ältesten Infos nach vorne gesetzt. Das macht man heute nicht mehr.

Die **Länge des Lebenslaufes** hängt davon ab, wie viel man bereits gemacht hat. Ein 45-jähriger Geschäftsführer wird problemlos drei Seiten füllen können. Als Studierender haben Sie vermutlich noch nicht ganz so umfangreiche Erfahrungen. Maximal zwei Seiten sollten da reichen; ideal ist eine.

Manche Leute **unterschreiben** ihren Lebenslauf. Dies soll größere Verbindlichkeit signalisieren. Das ist allerdings nicht notwendig, auch nicht juristisch: Wer im Lebenslauf lügt, kann immer rausgeschmissen werden – sowohl im Job als auch von der Hochschule. Wobei: Eine Unterschrift ist natürlich auch kein Fehler. Die Beispiellebensläufe sind allerdings nicht unterschrieben.

Etwa 90% Bewerberinnen und Bewerber nutzen im Lebenslauf folgende **Überschrift**: „Lebenslauf" (oder – weil es auf Lateinisch schöner klingt – „Curriculum Vitae"). Doch auch überwältigende Mehrheiten können falsch liegen. Dass es sich um einen Lebenslauf handelt, ist durch Aufbau und Format schon aus fünf Metern Entfernung sichtbar. Auch die Datei hat in der Regel einen Titel wie „Lebenslauf_Meyer.pdf". Warum also eine bekannte Information wiederholen? Nutzen Sie als Überschrift als am besten schlicht und einfach Ihren Namen.

In Deutschland ist das **Foto im Lebenslauf** noch immer weitgehend Standard – allerdings ändert sich dies langsam. Wenn Sie sich für einen Masterstudienplatz bewerben, können Sie im Zweifel auf das Bild verzichten. Wenn Sie ein Bild nutzen, sollten Sie unbedingt das Geld für ein professionelles Foto ausgeben. Sie erhalten online problemlos günstige Angebote von Fotostudius. Bei einer Bewerbung im englischsprachigen Ausland sollten Sie übrigens dringend auf ein Foto verzichten – denn hier gelten Fotos als verpönt.

Eine gute **Überschrift von Lebenslaufeinträgen** enthält die wichtigsten Informationen: „Was, bei wem, wo, wann?". Dann folgen die Details.

Beispiel

05/2014 – 08/2014   **Gerd-Müller-Kinderhilfswerk, Kairo: Praktikantin**
Konzeption der Kommunikation mit deutschen und ägyptischen Medien;Betreuung von Events;Initiierung und Durchführung des Relaunchs der Webseite

Die Überschrift umreißt sofort, was die Bewerberin gemacht hat: Ein Praktikum beim (übrigens nicht real existierenden) Gerd-Müller-Kinderhilfswerk in Kairo. Direkt im Anschluss folgen die wichtigsten Details.

In der **Beschreibung der Tätigkeit** sollten Sie stets nach folgendem Muster handeln: „Tätigkeitswort + Tätigkeitsbeschreibung". Damit meine ich, dass Sie soweit möglich klar machen sollten, was Ihre Rolle war. Dabei gilt: je spezifischer, desto besser. Einige Beispiele für Tätigkeitsworte:

Beispiel

Tätigkeitsworte: Analyse von ...; Betreuung ...; Konzeption ...; Organisation ...; Gründung ...; Projektleitung ...; Konzeption ...; Implementierung ...; Beratung ...; etc.

Konkret kann das dann so aussehen:

Beispiel

07/2015 – 10/2015   **Flüchtlingshilfswerk Kassel: Projektmitarbeiterin**
Konzeption und Implementierung eines Sprachlernprogramms für neu angekommene Flüchtlinge durchgeführt von Studierenden der Universität Kassel; Verantwortlich für die Anwerbung von Studierenden; Durchführung von Pressearbeit

5.4.2 Aufbau

Der **Aufbau** des Lebenslaufs teilt sich in verschiedenen Kategorien. Die bei Studierenden häufigsten Kategorien lauten:

- persönliche Angaben,
- Ausbildung,
- berufliche Erfahrung,
- Engagement,
- Stipendien und Auszeichnungen,
- Kenntnisse und Fähigkeiten,
- Hobbys.

Doch dieser Aufbau ist keineswegs in Stein gemeißelt. Je nach Fall könnten zusätzliche Kategorien wie „Publikationen", „Mitgliedschaften" oder „Weiterbildungen" dabei sein. Auch kann man eigene Kategorien erfinden: Bewirbt man sich nach dem Studium für einen Job im Medienbereich, könnte eine Kategorie „Erfahrungen im Medienbereich" heißen.

In der Ordnung der Kategorien im Lebenslauf haben Sie eine gewisse Freiheit. Nach ganz oben gehören immer die persönlichen Angaben. Daraufhin sollten Sie die Kategorie nennen, die in Ihren Augen am meisten für Sie spricht. Konkret bedeutet das: Wenn Sie sich für ein Masterstudium bewerben, wird die Kategorie „Ausbildung" ganz oben stehen. Bei einer Bewerbung für einen Job können es die Praktika sein. Und wenn Sie sich für ein Stipendium bewerben, steht vielleicht ganz oben Ihr soziales Engagement.

■ Persönliche Angaben

Hier gehören Anschrift, Geburtsdatum, E-Mail-Adresse und Telefon hinein. Die Staatsbürgerschaft kann man nennen, muss es aber nicht. Der persönliche Status (ledig, verheiratet etc.) war früher im Lebenslauf Standard, ist inzwischen aber nicht mehr zwingend notwendig. Völlig irrelevant sind: Religion, Eltern, Geschwister. Auch in den Beispiellebensläufen sind diese Dinge weggelassen.

■ Ausbildung

In dieser Sektion sollten alle relevanten Ausbildungsschritte erwähnt werden – bitte immer mit Noten! Relevant ist alles, was nach der Grundschule kommt. Die Grundschule selbst können Sie weglassen. Wichtig ist, dass Sie die wichtigsten Details zu Ihrem bisherigen Studium nennen. Dazu zählen Studienschwerpunkte, der Titel Ihrer Abschlussarbeit sowie Ihr aktueller Notenschnitt oder Ihre Abschlussnote.

ⓘ Es ist immer sinnvoll, bei Studienleistungen Ihre relative Position zu anderen Studierenden anzugeben. Denn: Verschiedene Hochschulen und Fachbereiche benoten extrem unterschiedlich. Wenn bei Ihrem Abschluss steht „Abschlussnote: 1,9 (beste 25%)", liefert dies eine wertvolle Einordnung, wie Sie im Vergleich zu anderen stehen. Fast alle Hochschulen erfassen diese Daten.

Fragen Sie daher bei Ihrem Studiengangkoordinator nach, wo Sie im Ranking Ihres Studiengangs stehen.

Beispiel

Seit 09/2014	**Universität Erfurt: B. A. in Staatswissenschaften**
	Hauptfach: Wirtschaftswissenschaften; Nebenfach: Rechtswissenschaften
	Aktuelle Durchschnittsnote: 1,8 (beste 25%)

- **Berufliche Erfahrungen**

Hier gehören Praktika rein sowie bezahlte Arbeit. Doch nicht alles ist relevant. Praktika sind für Studierende immer wichtig, bei bezahlter Arbeit kommt es drauf an. Dass man als Schüler mal Zeitungen ausgetragen hat, ist für die meisten Bewerbungen z. B. eher unwichtig; Ihren Job als Werksstudentin sollten Sie dagegen unbedingt nennen.

- **Engagement**

Gesellschaftliches Engagement wird fast überall geschätzt. Engagieren Sie sich im Fachschaftsrat, waren Sie Jahrgangssprecher in der Schule, organisieren Sie Kirchenfreizeiten? Solche Dinge gehören in diese Kategorie. Sollten Sie kein Engagement vorweisen können, können Sie diese Sektion auch weglassen.

- **Stipendien und Auszeichnungen**

Vielleicht haben Sie eines oder mehrere Stipendien erhalten. Oder Sie waren in der Endrunde eines Wettbewerbs. Unter Umständen gehören Sie zum Teilnehmerkreis einer „Future-Leaders"-Konferenz. Solche Dinge sollten Sie hier auflisten. Tipp: Falls Sie nur einen Eintrag in dieser Kategorie haben, können Sie diesen auch unter „Engagement" subsumieren.

- **Kenntnisse und Fähigkeiten**

In dieser Sektion des Lebenslaufs sollten Sie wie im Beispiel Sprachkenntnisse sowie andere besondere Fähigkeiten nennen. Dass man mit Microsoft Office und Google Chrome umgehen kann, kann man zwar erwähnen, allerdings wird dies heute sowieso vorausgesetzt. Daher kann man es auch weglassen. Interessanter ist es, wenn man z. B. gute Kenntnisse in HTML, Photoshop oder Indesign hat. Diese sollten Sie dringend erwähnen.

- **Hobbys**

Es wird oft dazu geraten, am Ende des Lebenslaufes eine Sektion zu „Hobbys" oder „Sonstigen Aktivitäten" einzubauen. In dieser Sektion kann man diejenigen Dinge nennen, die man privat gerne macht und die nicht zwangsläufig professionelle Implikationen haben. Die Hobbysektion ist nicht zwingend notwendig, kann aber nützlich sein: Sie geben dem Leser die Change, einen persönlichen Draht herzustellen. Dabei sollten Sie allerdings nur Hobbys erwähnen, die Sie von der Masse abheben. Wenn Ihre Hobbys „Fahrrad fahren, lesen und Reisen" sind, ist das nicht wirklich interessant – außer vielleicht, Sie nehmen an Fahrradrennen teil. Wenn Sie also nichts Interessantes zu sagen haben, können Sie diese Sektion weglassen.

Die Lebenslauf-Checkliste
Das muss in den Lebenslauf:
- Name, Anschrift, Geburtstag und -ort
- Ausbildung
- Berufliche Erfahrungen
- Ortsangaben zu allen Stationen
- Sprachkenntnisse
- Engagement
- Mitgliedschaften in Vereinen

Das kann in den Lebenslauf (muss aber nicht):
- Foto
- Familienstand
- Nationalität
- Hobbys
- Unterschrift
- Angestrebte Position

Das sollte nicht in den Lebenslauf:
- Grundschule
- Lügen
- Persönliche Stärken
- Schmuckelemente und Verzierungen
- Informationen zum Elternhaus
- Informationen zu Geschwistern
- Religionszugehörigkeit
- Lebensmotto oder Zitat
- Rechtschreibfehler
- Formatierungsfehler

5.4.3 Ein paar weitere Tipps

Die häufigste Frage zum Lebenslauf ist: **Wie gehe ich mit Lücken um?** Vielleicht haben Sie Ihren ersten Studiengang abgebrochen und dann einige Zeit zur Orientierung benötigt? Vielleicht hatten Sie gar eine zeitweise Lebenskrise? Oder Sie haben einfach ein Jahr lang eine Reise um die Welt gemacht und wissen nicht, wie Sie dies ausdrücken sollen? Es gibt an dieser Stelle kein Patentrezept. Lücken von bis zu drei Monaten sind zunächst sowieso kein großes Problem. Diese können Sie einfach hinnehmen. In den wenigsten Fällen werden Ihnen dazu Rückfragen gestellt werden. Längere Lücken fallen allerdings auf.

Wichtig ist: bleiben Sie authentisch und lügen Sie nicht. Wenn Sie eine **längere Lücke** zu füllen haben, gibt es mehrere Optionen. Beim Studienabbruch können Sie schlicht die Zeit angeben, in der Sie noch eingeschrieben waren – auch wenn Sie nicht mehr studiert haben. Sie können auch andere Tätigkeiten größer scheinen lassen als sie waren. So müssen Sie ja nicht schreiben, dass Ihr Studierendenjob nur 15 Stunden pro Woche einnahm.

Aber es gibt auch andere Situationen: Eine Freundin von mir hatte einen **schweren Reitunfall** und war in der Folge fast ein Jahr arbeitsunfähig. Leider hatte ihr befristeter Arbeitsvertrag eine Woche vor ihrem Unfall geendet – und einen neuen Job findet man nicht aus dem Krankenhaus. In solchen Fällen können Sie ruhig ehrlich schreiben, dass Sie sich in der Reha befanden. Dies würde ich allerdings nur dann anraten, wenn die Erkrankung auch definitiv ausgestanden ist. Ansonsten könnte ein möglicher Rückfall als Risiko angesehen werden. Aber bei allem guten Willen: Man kann nicht alles schönreden. Wenn Sie am Ende nichts finden, was Sie schreiben können, müssen Sie schlicht mit der Lücke leben. Erniedrigen Sie sich nicht, indem Sie von einer 12-monatigen „Selbstfindungsphase" sprechen.

Häufig werde ich gefragt, wie man mit **sich wiederholenden Tätigkeiten** umgehen soll. So kann es sein, dass Sie mehrere Jahre lang über den Sommer bei der Organisation einer Sommerfreizeit beteiligt waren. Vielleicht haben Sie denselben Job in unregelmäßigen Abständen ausgeübt. Oder Sie waren mehrfach in der Endrunde desselben Wettbewerbs. In diesem Fall wäre es wenig hilfreich, wenn Sie Ihren Lebenslauf mit drei oder mehr identischen Einträgen aufblähen würden. Machen Sie es schlicht wie in folgendem Beispiel:

Beispiel

04/2014, 04/2015 und 05/2016	**Deutscher Debating Preis, Hamburg:** Teilnahme Erreichen des Halbfinales im Jahr 2015

Beim Versenden sollten Sie unbedingt das **PDF**-Format nutzen Word-Dokumente gelten als unprofessionell. Sie sollten auch Rechtschreib- und Formatierungsfehler vermeiden. Dies ist übrigens leichter gesagt als getan: Bei Word verschieben sich manchmal Zeilen, ohne dass man weiß warum. Sie dann wieder zurechtzurücken, ist nicht immer einfach. Und Schreibfehler verstecken sich in Details, auf die man vielleicht nicht achtet. Und doch lohnt es sich, Arbeit in diese Dinge zu stecken.

Übrigens: Der größte Fehler wäre es, Dinge so sehr aufzuhübschen, dass sie zur **Lüge** werden Lügen im Lebenslauf fallen früher oder später auf. Leute, die Lebensläufe lesen, haben dafür ein gutes Gespür.

Master nach Plan

- Beginnen Sie den Lebenslauf immer mit den neuesten Dingen.
- Nutzen Sie sinnvolle Kategorien.

— Halten Sie das Design Ihres Lebenslaufes schlicht.

— Quantifizieren Sie Leistungen überall dort, wo es möglich ist – Zahlen sind besser als Worte.

5.5   Professorengutachten als zentrales Element Ihrer Bewerbung

Auf der Produktseite zum Buch http://www.springer.com/ book/9783662503089 finden Sie Beispiele für akademische Gutachten.

Ein zentrales Element Ihrer Bewerbung sind **akademische Gutachten**. Diese müssen Sie Ihrer Bewerbung auf ein Masterprogramm in der Regel beifügen. Der Grund dafür liegt auf der Hand: Noten sagen nicht unbedingt etwas über die Qualifikation des Bewerbers aus. Auch die ECTS-Note ist begrenzt in ihrer Aussagekraft: Wer zum schwächsten Dritten einer Elitehochschule zählt, ist vermutlich immer noch leistungsstärker als das beste Drittel einer „Wald- und Wiesenhochschule". Akademische Gutachten sollen daher darüber Auskunft geben, was den Bewerber außerhalb seiner Noten akademisch auszeichnet.

Die Glaubwürdigkeit akademischer Gutachten wird durch drei Faktoren bestimmt:

1. den Gutachter und seine fachliche Reputation,
2. die Kenntnis des Gutachters vom Bewerber sowie
3. den Inhalt.

Bei einem Gutachten kommt es darauf an, dass es von der **Zielgruppe** auch ernst genommen wird. Da Ihre Zielgruppe Hochschulprofessoren sein werden, sollte das Gutachten auch unbedingt von einem Hochschulprofessor geschrieben sein. Denn grundsätzlich gilt: Wissenschaftliche Mitarbeiter ohne Professorenrang werden von Auswahlgremien als nicht gleichwertig wahrgenommen. Wichtig ist zudem, dass der Gutachter aus dem gleichen Fachbereich stammt wie die Mitglieder des Auswahlgremiums. Idealerweise zeichnet sich Ihr Gutachter darüber hinaus durch einschlägige Publikationen in renommierten Fachzeitschriften aus.

ℹ️ Sicherlich werden Sie schon überlegt haben, welcher Professor für Sie ein Gutachten verfassen könnte. Oft machen Studierende den Fehler, die beliebtesten Professoren um ein Gutachten zu bitten. Das sind oft charismatische, junge und dynamische Hochschullehrer. Doch die Beliebtheit unter Studierenden ist für die Glaubwürdigkeit des Gutachtens vor den beurteilenden Professoren nicht relevant: Es zählt, ob der Professor auch fachlich anerkannt ist. Achten Sie daher auf die fachliche Reputation Ihres Gutachters. Übrigens: Gerade Professoren, die eher zurückgezogen forschen und kaum eine positive Rückmeldung von Studierendenseite erhalten, werden es besonders schätzen, wenn Sie ihnen Interesse an ihrem Fachgebiet signalisieren. Von ihnen können Sie besonders gefördert werden.

Wichtig für ein überzeugendes Gutachten ist, dass ein Professor Sie persönlich kennt. Sie sollten sich daher schon frühzeitig um einen **persönlichen Kontakt** zu Hochschullehrern bemühen. Diesen erreichen Sie beispielsweise im Rahmen von Seminaren oder Übungen. Es ist entscheidend, dass sich der Professor, den Sie in einer Sprechstunde ansprechen, an Sie erinnert. Ansonsten wird er Ihre Bitte ablehnen.

Alternativ können Sie auch einen Ihnen persönlich bekannten **Lehrstuhlmitarbeiter als Türöffner** nutzen. Fragen Sie zuerst ihn, wie man bei seinem Chef ein akademisches Gutachten beantragen könnte. Im Zweifel können Sie erreichen, dass der Mitarbeiter bereits weiß, dass Sie ein Gutachten brauchen und dem Professor in der nächsten Dienstbesprechung anbietet, einen Formulierungsvorschlag zu erstellen. An den meisten Lehrstühlen wird das so gehandhabt – selten schreibt der Chef noch selbst. So können Sie Einfluss auf den Inhalt (▶ Abschn. 5.2.2) nehmen.

Um ein Gutachten zu erstellen, fordert ein Hochschullehrer meist mehrere **Unterlagen** an. Sie sollten daher einen aktuellen Lebenslauf sowie Ihren aktuellen Notenauszug vorliegen haben, wenn Sie den Gutachter ansprechen. Seien Sie sich bewusst, dass der Hochschullehrer Ihnen mit dem Gutachten hilft. Helfen Sie ihm auch, indem Sie die gewünschten Unterlagen ohne große Wartezeit und Verwaltungsaufwand vorlegen.

Gutachten fordern Sie bei Professoren am besten bis zu **2 Monate vor dem eigentlichen Einsendeschluss** an. Planen Sie eine ausreichende Pufferzeit ein, denn oft kommt es bei der Gutachtenerstellung zu Verzögerungen. Das bedeutet, dass Sie gegenüber den Sekretariaten einen früheren Termin angeben sollten als den, bis zu dem Sie die Dokumente tatsächlich benötigen. Es wäre falsch, den Gutachter mit Einsendeschlussterminen und ständigen Anfragen zu belästigen. Achten Sie darauf, dass für Ausfertigung und Versand ausschließlich die Sekretariate zuständig sind.

5.5.1 Erforderlicher Inhalt

Akademische Gutachten sind oft sehr umständlich geschrieben. Die meisten Gutachten sind jedoch inhaltlich gleich aufgebaut. In drei Abschnitten beantworten sie folgende Fragen:

- Woher kenne ich den Studierenden?
- Wie schätze ich sie/ihn ein?
  - Fachliche Einschätzung,
  - manchmal, aber nicht zwingend: die menschliche Einschätzung; außerdem:
- Ist sie oder er für das Masterprogramm geeignet?

Zuerst wird die Frage beantwortet, **woher der Gutachter Sie kennt**. Meistens wird er sich auf Ihre Mitarbeit in Vorlesungen und Seminaren sowie auf Gespräche in Sprechstunden und anderen Treffen beziehen. Oft wird noch auf Ihren Studiengang Bezug genommen und kurz erläutert, wie er aufgebaut ist und wo die fachlichen Schwerpunkte des Studiums liegen. Hier könnte eventuell auch hochschulpolitisches Engagement erwähnt werden. Das ist ein kurzer Abschnitt von etwa fünf Zeilen. Unterschätzen Sie diesen Abschnitt jedoch nicht: Aus ihm leitet sich die Glaubwürdigkeit für den Rest des Gutachtens ab.

> ℹ️ Ein Hochschullehrer kennt viele Studierende und kann sich oft nicht an einzelne Unterhaltungen mit Ihnen erinnern. Sehr wohl merken sich Professoren jedoch Gespräche mit Studierenden, die nicht positiv verliefen. Falls Sie ein akademisches Gutachten benötigen, sollten Sie daher Abstand von Professoren nehmen, mit denen Sie früher große Meinungsverschiedenheiten oder unkonstruktive Diskussionen hatten.

Die nachfolgende **fachliche Beurteilung** Ihrer Person ist der wichtigste Teil des Gutachtens. Sie nimmt daher auch den größten Anteil ein. Üblich ist eine Beurteilung Ihrer akademischen Kompetenz. Aus der ECTS-Note (▶ Abschn. 2.1.1) geht zwar bereits hervor, wie Ihre Leistung relativ zu andern Studierenden einzuschätzen ist. Allerdings gibt es da ja viele weitere Faktoren. Zum Beispiel sollte auf Ihre Beiträge und Mitarbeit in Lehrveranstaltungen eingegangen werden. Formuliert werden kann das etwa wie folgt: „Der Bewerber fiel mir in meinen Lehrveranstaltungen stets durch anspruchsvolle und konstruktive Beiträge auf." Weiterhin sollte das Gutachten Ihre bisher erbrachten akademischen Leistungen mit einer Einschätzung Ihrer Qualifikation verbinden. Es ist daher eine Interpretationshilfe für die Notenauszüge, die Ihrer Bewerbung beiliegen, z. B.: „Die bisherigen Noten in den Fächern A und B sind ein eindrucksvolles Zeichen für die hohe analytische Begabung der Bewerberin."

Die fachliche Beurteilung sollte durch einen **Ausblick** abgeschlossen werden, in dem das Notenniveau Ihres künftigen Bachelorabschlusses eingeschätzt sowie eine kurze Einschätzung Ihrer akademischen Zukunft gegeben wird. Als Beispiel: „Vor dem Hintergrund der bisher erbrachten Leistungen und ihrer hohen analytischen Begabung schätze ich ein, dass die Bewerberin ihren Bachelorabschluss mit sehr guter Note abschließen wird. Ich bin überzeugt davon, dass sie danach in einem forschungsorientierten Masterprogramm auf sehr hohem Niveau studieren wird."

Ergänzend ist eine **persönliche Einschätzung** von Ihnen möglich. Sie ist aber nicht notwendig. Hier kann kurz auf den Charakter eingegangen werden. An dieser Stelle könnte auch auf mögliche Brüche oder Schicksalsschläge in Ihrem Lebenslauf eingegangen werden, z. B. eine Erkrankung von Ihnen oder der Tod eines engen Verwandten. Dies ist aber nur dann angebracht, wenn dadurch Ihr Studium unverschuldet und entscheidend beeinflusst wurde.

Im letzten Teil sollte das Gutachten mit einer **Empfehlung** abschließen und beurteilen, ob und inwiefern Sie befähigt sind, in dem Masterprogramm zu studieren. Weiterhin sollte der letzte Teil die Beurteilung

Tab. 5.2 Gängige Signalausdrücke in Gutachten und ihre Entsprechung in Schulnoten	
Befürwortung mit Nachdruck und ohne Vorbehalt	Note 1
Befürwortung mit Nachdruck	Note 2
Befürwortung ohne Bedenken	Note 3
Grundsätzliche Befürwortung	Note 4
Befürwortung nur mit Bedenken	Note 5

aus dem fachlichen Teil des Gutachtens zusammenfassen und eine Verbindung zu der Empfehlung des Hochschullehrers herstellen. Eine Formulierung könnte lauten: „Angesichts ihrer bisher hervorragenden akademischen Leistungen, ihres regen Interesses für den Fachbereich der Biophysik und ihres ausgesprochen hohen Leistungswillens möchte ich die Bewerberin daher **mit Nachdruck und ohne Vorbehalt** empfehlen."

Die Beurteilung „mit Nachdruck und ohne Vorbehalt" ist ein **Signalausdruck** (**** Tab. 5.2). Er steht klar und unmissverständlich für die Beurteilung des Bewerbers. Daher sollte der Signalausdruck idealerweise eingerückt oder gefettet sein. Gutachten werden meistens nur überflogen, da die beurteilenden Mitglieder der Auswahlkommission nicht genügend Zeit haben, die Gutachten aller Bewerber en detail zu lesen. Damit ein oberflächlicher Betrachter des Gutachtens sofort erkennen kann, ob eine Empfehlung ausgesprochen wird oder nicht, sollte der Signalausdruck daher hervorgehoben sein.

Akademische Gutachten unterscheiden sich **international**: Während deutsche Gutachten eher sachlich-realistisch verfasst werden, um dadurch besondere Glaubwürdigkeit zu implizieren, sind britische oder amerikanische Gutachten äußerst wohlwollend verfasst. Kritische Töne werden Sie in ausländischen Gutachten nicht finden – Kritik erkennen Sie eher daran, welcher Aspekt nicht angesprochen wird. Dieser Umstand ist für Sie als deutscher Studierender mit womöglich deutschen Gutachtern nicht besonders vorteilhaft, da Sie auch mit ausländischen Studierenden um Studienplätze konkurrieren. Den beurteilenden Hochschulprofessoren ist dieser Unterschied nicht immer bewusst. Ich sehe zwei Möglichkeiten, diesen Nachteil auszugleichen:

- Versuchen Sie, mindestens eines Ihrer Gutachten von einem ausländischen Dozenten anfertigen zu lassen, sollten Sie einen kennen. Dabei bieten sich ausländische Gastprofessoren an oder Lehrende, die Sie während eines Auslandssemesters kennengelernt haben.
- Weisen Sie Ihren deutschen Gutachter gezielt auf die Konkurrenz durch andere Bewerber mit ausländischen positiven Gutachten hin. Das gilt insbesondere, wenn Sie sich auf ein Masterprogramm im Ausland bewerben.

Vielleicht werden Sie sich fragen, warum ich Ihnen den erforderlichen Inhalt eines Gutachtens so detailliert erkläre. Schließlich ist es ja der

Professor, der die Inhalte des Gutachtens bestimmt. Diese Erwartung trifft jedoch nur bedingt zu: Als Studierender haben Sie große Möglichkeiten, auf den Inhalt Ihres Gutachtens einzuwirken. Diese Möglichkeiten schildere ich Ihnen im nächsten Abschnitt.

5.5.2 Aktiv den Inhalt des Gutachtens mitbestimmen

Akademische Gutachten gelten als Dokumente mit **vertraulichem Inhalt**. Dennoch ist es vielen Studierenden möglich, den Inhalt ihres Gutachtens aktiv mitzubestimmen. Führen Sie sich vor Augen, dass Ihr Gutachter nur wenig Zeit für Sie und Ihr Gutachten hat. Darüber hinaus kennt er Sie und Ihren Lebenslauf kaum. Das bedeutet, dass die Erstellung eines Gutachtens für ihn äußerst zeitaufwändig ist.

Hochschullehrer mögen kurze und **knackige Vorlagen**, aufgrund derer sie schnell entscheiden können. Darin liegt Ihre Chance, die Inhalte des Gutachtens zu bestimmen. Ihren Notennachweisen und Ihrem Lebenslauf können Sie beispielsweise eine selbst angefertigte Kurzbeschreibung des Masterprogrammes beifügen, in der Sie das Profil in einem auf Sie passenden Kontext darstellen. In einem Anschreiben an den Professor können Sie auch die wichtigen Punkte des Gutachtens und Ihre besten Eigenschaften für den Bewerbungsprozess hervorheben. In der Regel werden solche Hilfen dankbar angenommen.

Weiterhin kann es helfen, wenn Sie über gute **persönliche Kontakte** zum Lehrstuhl Ihres Gutachters verfügen. Wenn Sie einen wissenschaftlichen Mitarbeiter Ihres Vertrauens von Ihrem Gutachtenwunsch in Kenntnis setzen, kann dieser für seinen Vorgesetzten einen Formulierungsvorschlag erarbeiten, in den Ihre inhaltlichen Wünsche Eingang finden.

Faire Professoren werden Sie **über den Inhalt des fertigen Gutachtens in Kenntnis** setzen und Ihnen eventuell eine Kopie geben. Alternativ lohnt ein guter Draht zu wissenschaftlichen Mitarbeitern des Lehrstuhls, die das Gutachten für den Professor formulieren. Faire Gutachter werden Ihnen aber auch offen und ehrlich sagen, wenn sie Ihnen kein Gutachten schreiben möchten, weil es eventuell nicht gut genug werden könnte. Diese Antwort müssen Sie akzeptieren. Seien Sie dankbar für den ehrlichen Hinweis. Auf keinen Fall sollten Sie bei einer Absage auf einem Gutachten bestehen: Die Chancen, dass Sie in einem erzwungenen Gutachten positiv beurteilt werden, werden äußerst gering sein.

Falls Sie Ihren Gutachter bereits besser kennen und er einen positiven Eindruck von Ihnen hat, können Sie unter Umständen auch erreichen, dass Sie Ihr Gutachten **selbst vorformulieren** dürfen. Natürlich sollten Sie ihn danach nicht explizit fragen. Doch gibt es Möglichkeiten, durch gezielte Fragen Ihr Anliegen klar zu kommunizieren:

- Machen Sie in einem persönlichen Gespräch deutlich, dass Ihnen sehr viel an einem Gutachten liegt, das auf Ihre Person genau passt.

◌ Unterstreichen Sie die Bedeutung eines Gutachtens, das genau auf das Profil des Masterstudienganges ausgerichtet ist.

◌ Heben Sie hervor, dass Sie mit ausländischen Studierenden konkurrieren, die erfahrungsgemäß sehr gute Gutachten vorlegen.

Übrigens sind die Namen von Professoren, die Studierenden ihre eigenen Gutachten entwerfen lassen, ein **offenes Geheimnis an Fakultäten**. Wenn Sie sich genauer umhören, werden Sie einige Professoren herausfinden, die Sie bereits kennen.

Sollten Sie die Chance erhalten, **Ihr Gutachten selbst zu formulieren**, sollten Sie das Gutachten mehreren Personen zum Gegenlesen vorlegen. Kritische Anmerkungen sollten Sie entsprechend berücksichtigen. Die Möglichkeit, Ihr Gutachten selbst zu schreiben, ist eine große Chance, die Sie in Ihrer Masterbewerbung enorm weiterbringen kann. Nutzen Sie diese Chance und lesen Sie die Mustergutachten auf der Internetseite zum Buch als Formulierungshilfe und Anregung.

> Musterdokumente finden Sie auf der Internetseite zum Buch (http://www.springer.com/book/9783662503089) auf Deutsch und Englisch.

5.5.3 Vertrauliche Inhalte der Gutachten in Erfahrung bringen

Bei manchen Gutachtern kann es vorkommen, dass Sie sich über die Aussagen des Gutachtens nicht sicher sein können. Vielleicht haben Sie schon von Kommilitonen gehört, dass der Gutachter diese in einem Gutachten schlecht beurteilt habe. In diesem Fall könnte es für Sie von Interesse sein, die **Inhalte eines Gutachtens** in Erfahrung zu bringen. Dies gilt vor allem dann, wenn Sie keine Möglichkeit haben, den Inhalt Ihres Gutachtens mitzubestimmen. Es gibt leider keine legale Möglichkeit, dies zu tun, wenn Ihr Professor es nicht möchte. Die Gutachten sind vertraulich zwischen dem Professor und Ihrer Zieluniversität – und das aus gutem Grund.

Manche Kommilitonen werden Ihnen raten, darauf zu bestehen, dass Ihre Gutachten nicht direkt an die Zieluniversität geschickt werden. Sie können dann mehr Gutachten anfordern, als Sie eigentlich brauchen. So ist es kein Problem, wenn Sie bei einem Gutachten die **Versiegelung brechen** und es durchlesen. So könnten Sie negative Überraschungen vermeiden. Um es klar zu sagen: Eine solche Praxis ist illegal. Ich kann Ihnen daher in diesem Buch nicht dazu raten.

🛈 Aufgrund des praktisch nicht vorhandenen Entdeckungsrisikos ist es verbreitet, so zu handeln. Doch Gutachten sind vertrauliche Dokumente. Sie werden zumeist mit einem Dienstsiegel und einer Unterschrift über der Briefumschlagslasche versiegelt. Es wäre nicht richtig von Ihnen, einen versiegelten Brief zu öffnen.

Master nach Plan

- Das Professorengutachten ist ein zentraler Teil Ihrer Bewerbung.
- Je anerkannter der Professor in seinem Feld, desto besser für Sie.
- Brüche in Ihrem Lebenslauf werden am besten im Professorengutachten erklärt.
- Bieten Sie an, das Gutachten in Stichpunkten vorzuformulieren.
- Ein mögliches Öffnen von vertraulichen Umschlägen wird häufig gemacht, ist aber illegal.

5.6   Persönliches Auswahlgespräch

Auswahlgespräche sind je nach Fachbereich bei 5–10% der Masterstudiengänge Teil des Verfahrens. Die Wahrscheinlichkeit ist also hoch, dass Sie gar keines überstehen müssen. Besonders häufig werden Bewerber für künstlerische Studiengänge sowie für Studiengänge an „exklusiveren" Hochschulen zu Gesprächen geladen.

Auswahlgespräche stellen für Hochschulen einen **hohen Aufwand** dar. Professoren und Mitarbeiter verbringen viel Zeit mit Organisation und Auswahl. Oftmals sind Teile der Fakultät für eine Woche mit nichts anderem beschäftigt. Zum Gespräch gebeten werden nicht alle Bewerber – dies würde organisatorisch den Rahmen für die Hochschulen sprengen. Eine Einladung erhalten diejenigen mit den jeweils besten Durchschnittsnoten und den ansprechendsten Bewerbungen – meist werden 3- bis 5-mal so viele Bewerber eingeladen wie Plätze vorhanden sind.

Machen Sie sich übrigens keine Sorge: Man will Sie in Auswahlgesprächen nicht in die Pfanne hauen. Stressfragen sind äußerst selten. Meist verlaufen die Gespräche in einer **entspannten Atmosphäre** des gegenseitigen Kennenlernens.

5.6.1   Setting

Hochschulen organisieren ihre Auswahlgespräche meist über mehrere aufeinander folgende Tage. Die Bewerber müssen an einem **vorher festgelegten Tag** an der Hochschule sein. Manche nennen eine genaue Zeit, andere nur den Tag, sodass Sie im schlimmsten Fall morgens an der Hochschule erscheinen und erst am späten Nachmittag befragt werden.

Die **Größe der Auswahlkommission** kann variieren. Den Auswahlkommissionen sitzt zumeist ein Hochschullehrer vor, der mit dem entsprechenden Masterprogramm fachlich sehr verbunden ist. Manchmal ist es auch der Dekan der Fakultät. Außerdem werden Sie häufig einen aktuellen Studierenden oder einen Alumnus vorfinden. Es gibt allerdings auch Auswahlgespräche, die von einem Hochschullehrer alleine durchgeführt werden. Sie selbst werden meist alleine vorm Auswahlkomitee sitzen; nur ganz wenige Hochschulen befragen die Bewerber in Gruppen.

Die Interviews dauern in der Regel **20–30 Minuten**, können aber bis zu 90 Minuten lang sein. Mitunter müssen Sie zusätzliche Tests ablegen.

Dabei werden – je nach Hochschule und Studiengang – fachspezifische Kenntnisse, mathematische Fähigkeiten und Sprachkompetenz abgefragt.

In Auswahlkommissionen wird versucht, Entscheidungen im **Konsens** herbeizuführen. Das führt dazu, dass der Ausschussvorsitzende als Moderator eine zentrale Rolle einnimmt. Große Konflikte werden nicht ausgetragen; die Mitglieder der Kommission haben meistens einige Favoriten, die sie durchbringen möchten. Diese Bewerber haben entweder ein fachlich besonders interessantes Profil, oder sie wurden den Kommissionsmitgliedern über persönliche Kontakte empfohlen.

5.6.2 Mögliche Themen

Natürlich verläuft jedes Gespräch anders, doch mit den folgenden Ratschlägen sind Sie **gut gewappnet**, in jedem akademischen Bewerbungsgespräch zu bestehen. Es wäre falsch, Ihnen an dieser Stelle vorgegebene Antworten zu vermitteln. Ich möchte Ihnen nachfolgend einige Themenblöcke benennen, die mit hoher Wahrscheinlichkeit in Ihrem Auswahlgespräch angesprochen werden. Darüber hinaus gebe ich Ihnen Tipps, wie Sie auf kritische Fragen souverän reagieren können.

Machen Sie sich bewusst: Sie können die Inhalte des Auswahlgespräches zum großen Teil **mitbestimmen**. Die Gesprächsgrundlage wurde nämlich von Ihnen geliefert: Ihre Bewerbung. Alles, was mit Ihnen besprochen wird, leitet sich aus Ihren Unterlagen ab. Man wird Sie daher zu Ihrem Lebenslauf, zu Ihrer Motivation, zu Studieninhalten und -schwerpunkten, zu Ihren beruflichen Zielen und sozialen Fähigkeiten befragen. Führen Sie sich vor Augen, dass Ihr Gegenüber Sie nicht kennt – sondern nur die Bewerbungsmappe, die er sich für höchstens 5 Minuten angesehen hat.

Die häufigsten Fragen im Interview

- Bitte stellen Sie sich vor!
- Warum haben Sie sich für Ihr Bachelorstudium entschieden?
- Was ist das Thema Ihrer Abschlussarbeit, warum haben Sie sich dafür entschieden, was ist Ihr methodischer Ansatz?
- Warum möchten Sie diesen Master studieren?
- Warum möchten Sie an diese Hochschule?
- Warum haben Sie Praktikum X gemacht?
- Warum sollten wir Sie nehmen?
- Was möchten Sie beruflich nach dem Master machen?
- Was ist Ihr größter Erfolg?
- Was war in Ihrem Studium/Ihrem Praktikum die größte Schwierigkeit? Wie sind Sie damit umgegangen?
- Haben Sie Fragen an uns?

Die **Struktur** des Bewerbungsgespräches richtet sich oft nach Ihrem Lebenslauf (▶ Abschn. 5.4). Man wird Sie fragen, mit welcher Motivation Sie Ihre Entscheidungen getroffen haben und sich dabei besonders auf Ihre bisherige Studien- und Fächerwahl konzentrieren.

Achten Sie darauf, dass Sie in Ihren Antworten möglichst die **Verbindung zum angestrebten Master** herstellen („Mein Praktikum in Argentinien hat mein Interesse an lateinamerikanischer Geschichte gestärkt. An Ihrer Universität gibt es dazu einen Forschungsschwerpunkt von hervorragendem Ruf."). Ihre Antworten sollten nüchtern ausfallen – Ironie und Witz sollten Sie nur dann nutzen, wenn Sie zu Ihrem Gegenüber eine persönliche Ebene aufbauen können. Das merken Sie an der Körpersprache und der allgemeinen Atmosphäre. Wichtig: Deutsche Hochschulen sind oft Hexenkessel von Eitelkeiten und Neid. Erwähnen Sie daher z.B. keinesfalls, dass Sie vor allem und ausschließlich die Arbeit von der Professorin Hasenpeter schätzen. Der Ton macht die Musik: Erwähnen Sie auch die Leistungen anderer Kollegen. Professor Etzenkiel, der ebenfalls in der Auswahlkommission sitzt, könnte sich ansonsten gekränkt fühlen und gegen Sie votieren. Sprechen Sie immer generell von Forschungsschwerpunkten und Ähnlichem.

Darüber hinaus wird man Sie zu Ihrer **Motivation** befragen, ausgerechnet diesen Masterstudiengang studieren zu wollen. In Ihren Antworten sollten Sie – wie in ◻ Tab. 5.3 – eine Drei-Drittel-Strategie verwenden: Ein Drittel begründen Sie mit Ihrem Lebenslauf, aus dem das gewünschte Masterprogramm die logische Konsequenz ist. Ein Drittel Ihrer Antwort verwenden Sie auf Ihr persönliches Forschungsinteresse, das sich mit den Inhalten des gewünschten Studiums decken wird. Ein weiteres Drittel begründen Sie mit den allgemeinen Aussagen der Werbeunterlagen des Masterstudiums.

Beispiel

Die 7 Zielkriterien des Auswahlprozesses der renommierten ESCP Europe in Berlin

- Werdegang: Passen Leistungsschwerpunkte des Lebenslaufs zum Profil des Studiengangs?
- Fachliches Interesse am Studiengang
- Motivation: Ist der Bewerber intrinsisch motiviert, Höchstleistungen zu erbringen?
- Analytische Fähigkeiten: Werden Alternativen klar abgewogen und Störfaktoren in Entscheidungsprozessen berücksichtigt?
- Flexibilität: Kann der Kandidat sich flexibel auf veränderte Rahmenbedingungen einstellen?
- Interkulturelle Offenheit: Berücksichtigt und nutzt der Kandidat Gemeinsamkeiten und Unterschiede zwischen Ländern und Kulturen?
- Soziale Kompetenz: Kann der Kandidat auf andere eingehen, mit ihnen kooperieren und Kompromisse schließen?

(Angelehnt an: Festing & von Richthofen, 2005)

▶ Festing, M. & von Richthofen, C. (2005) Die Auswahl von Studierenden der Internationalen Betriebswirtschaftslehre. Kriterien, Verfahren und Strategien der Qualitätssicherung am Beispiel des European Masters in Management der ESCP-EAP European School of Management. ESCP-EAP Working Paper Nr. 13, Berlin

Tab. 5.3 Warum gerade dieser Studiengang?

Ihr Lebenslauf: persönliche Erfahrungen, Praktika, Engagement, Familie	Persönliches Forschungsinteresse; deckt sich ideal mit der Institution: Nennen Sie Beispiele!	Zitieren von Werbeaussagen: internationales Umfeld, moderne Bibliothek, sehr gute Betreuung etc.

Weiterhin wird man Ihnen im Auswahlgespräch fachlich auf den Zahn fühlen. Dieses Buch kann natürlich keine detaillierten **fachlichen Fragen** Ihres Bereiches auflisten. Sie können einen Großteil der Fragen jedoch gut vorbereiten, da Sie Ihren eigenen fachlichen Hintergrund bzw. die Themengebiete, die in Ihrem Masterstudiengang abgefragt werden, betreffen werden. Die Fragen werden zum einen Faktenwissen prüfen (einschlägige Theorien, Daten, Personen) und zum anderen Ihre **Methodenkompetenz** testen.

Stellen Sie sich darauf ein, dass Ihnen auch Fragen gestellt werden, die Sie gar nicht beantworten können. Damit möchte man Ihre **Problemlösungskompetenz** prüfen und herausfinden, wie Sie mit Herausforderungen umgehen. Ein Beispiel dafür sind Schätzaufgaben wie z. B. „Wie viele Tankstellen gibt es in Deutschland?"

Stehen Sie vor einem unlösbaren Problem, dann geben Sie das offen zu und sagen im gleichen Satz, dass Sie dennoch probieren möchten, es zu lösen. Dann greifen Sie sich Teilaspekte der Frage heraus und versuchen über eine **ableitende Methode**, diese zu beantworten:

- Zunächst definieren Sie kritische Begriffe.
- Danach stellen Sie inhaltliche Zusammenhänge dar.
- Sollten Ihnen mehrere Antworten einfallen, sollten Sie das vorher ankündigen („Ich denke, hier sollte man differenzieren."). So signalisieren Sie dem Prüfergremium, dass Sie fähig sind, fachliche Probleme alleine zu bewältigen.

Wenn Sie fachliche Fragen beantworten, können Sie Ihre **Antworten mit einem Punkt Ihres Lebenslaufes** (▶ Abschn. 5.4) verbinden. Damit geben Sie den Prüfern eine Orientierung und teilen ihnen gleichzeitig mit, dass Sie sich mit dem Thema bereits beschäftigt haben. Übrigens bringt Ihnen der Verweis auf Ihren Lebenslauf auch etwas Zeit, Ihre Gedanken für die eigentliche Antwort zu ordnen. Dieser sollte daher am Anfang Ihrer Antwort stehen, z. B.: „Ja, mit dieser Frage habe ich mich auch schon in meiner Bachelorarbeit auseinandergesetzt … ".

Sie werden vermutlich ebenfalls nach Ihren **beruflichen Zielen** (▶ Abschn. 4.5) befragt. Sollten Sie sich für einen forschungsorientierten Masterstudiengang bewerben, so empfehle ich Ihnen zu sagen, dass Sie eine akademische Karriere für möglich halten oder zumindest eine Doktorarbeit anstreben. Masterstudienplätze sind je nach Fachdisziplin rar. Im Auswahlgremium sitzen Professoren, die aus den Studierenden ihres Masterstudienganges gute Doktoranden und wissenschaftliche Mitarbeiter gewinnen möchten. Beachten Sie diesen Aspekt besonders, wenn Sie eigentlich einen Berufseinstieg im Bereich der Privatwirtschaft planen.

Sollten Sie bereits **Praktika** absolviert haben, die im engen Zusammenhang mit Ihrem Studium stehen, sollten Sie sich auch auf Fragen zu Ihren Praktika einstellen. Möglich sind auch Fragen, in denen man Ihre soziale Kompetenz auf den Prüfstand stellen möchte. So könnte man Sie z. B. mit einer unverschämten Frage zu Ihrer Person provozieren („Sie haben sich Ihre Praktika doch alle über Kontakte organisiert!"). Lassen Sie keine Provokation zu und antworten Sie strikt fachlich oder am Lebenslauf orientiert.

Führen Sie sich bitte nochmals vor Augen, dass in einem akademischen Auswahlgespräch **keine professionellen und erfahrenen Personaler** aus der Privatwirtschaft sitzen. Zumeist sind das Professoren und wissenschaftliche Mitarbeiter. Die meisten haben nur wenig Kenntnis darüber, wie man Auswahlgespräche führt. Das bedeutet, dass die Unsicherheit aufseiten der Prüfer mitunter genauso groß ist wie Ihre Unsicherheit. Eine ungelenke oder unhöfliche Frageart des Gremiums ist oft nicht persönlich gemeint.

5.6.3   Vorbereitungsstrategie

Jedes Auswahlgespräch sollte angemessen vorbereitet werden. Besonders, wenn Sie nach Ihrem Bachelorstudium eine Pause eingelegt haben, sollten Sie sich vorher ein paar Tage nehmen, um sich in die fachliche Materie wieder hineinzudenken. Eine gute **Vorbereitung** erreichen Sie am besten in drei Schritten:

1. Entwickeln Sie mögliche Fragen,
2. entwickeln Sie passende Antworten,
3. üben Sie.

Fragen entwickeln und erwünschte Antworten bedenken wird auch Ihr Gegenüber. Allerdings haben Sie einen entscheidenden Vorteil: Sie haben mehr Zeit zur Vorbereitung auf das Gespräch als Ihr voraussichtlicher Gesprächspartner. Darin liegt Ihre Chance.

5.6.3.1   Fragen entwickeln

Mögliche **Fragen** finden Sie einerseits zu Beginn dieses Unterkapitels (▶ Abschn. 5.6.2). Weitere Fragen entwickeln Sie am besten, indem Sie Ihre Bewerbungsunterlagen mehrmals durchgehen. Prüfen Sie jeden Punkt und jede Auffälligkeit Ihres Lebenslaufs und Ihrer Unterlagen. Assoziieren Sie mit jedem dieser Punkte entsprechende W-Fragen (Wer, Was, Warum, Wo etc.). Darüber hinaus entwickeln Sie Fragen, indem Sie einzelne Punkte Ihres Lebenslaufes miteinander verknüpfen. („Warum haben Sie B gemacht, nachdem Sie A gemacht haben?"). Wenn Sie für Ihren Bachelorgrad eine Abschlussarbeit verfasst oder gar eine wissenschaftliche Arbeit veröffentlicht haben sollten, können Sie sich auf Fragen zur Begründung des Themas und zu Ihren Ergebnisse einstellen. Mögliche Fragen können Sie auch durch die Befragung früherer

Bewerber entwickeln: Falls Sie jemanden kennen, der bereits die Bewerbungsprozedur durchlaufen hat, sollten Sie diese Person fragen, welche Themen Sie im Gespräch zu erwarten haben.

ⓘ Folgende Fragen sollten Sie zu jeder Station Ihres Lebenslaufes beantworten können:
  - Warum haben Sie sich für diese Sache entschieden?
  - Wie ist es dazu gekommen?
  - Was haben Sie gemacht und erlebt?
  - Welche Dinge haben Sie mitgenommen?

5.6.3.2 Antworten entwickeln

Im zweiten Schritt sollten Sie **Antworten** entwickeln und versuchen, den angesprochenen Punkt mit anderen Punkten Ihres Lebenslaufes in Verbindung zu bringen. Das gibt Ihnen Sicherheit, denn über Ihr Leben zu sprechen, ist einfacher als über Fachthemen. Bei Antworten zu Fachfragen sollten Sie versuchen, eine Verbindung zu Ihnen vertrauten Fachthemen herzustellen. Auch das gibt Ihnen Sicherheit, da Sie so eine größere Kompetenz signalisieren können.

ⓘ Eine gute Antwort erzählt immer eine geschlossene Geschichte. Und Geschichten sehen typischerweise so aus:
  1. Die Situation: Was war das Problem/der Ausgangspunkt?
  2. Wie haben Sie auf die Herausforderung reagiert? Warum haben Sie sich für diese Handlung entschieden und nicht für eine Alternative?
  3. Was war das Ergebnis Ihrer Handlungen?

Beispiel

Wenn ich in einem Bewerbungsgespräch sitze, fragt man mich vielleicht, warum ich Master nach Plan geschrieben habe. Meine Antwort wäre: „**[Situation]** Ich gehörte zur ersten Generation der Masterstudenten in Deutschland. Es gab damals kaum Informationen, wie man einen Master auswählt und vor allem, was in eine Bewerbung gehört. Diese Probleme hatten viele meiner Kommilitonen. **[Reaktion]** Ich hatte nach meinem Master die Idee, das Buch zu schreiben, das ich gebraucht hätte. Also erstellte ich ein Exposé und schickte es an mehrere Verlage. Zu meiner eigenen Überraschung ergatterte ich sehr schnell einen Autorenvertrag. **[Ergebnis]** Das Buch hat schon vielen Studierenden geholfen und begleitet mich professionell seitdem. Inzwischen wird es in der 3. Auflage verkauft. Es wurde zur Grundlage für viele weitere Projekte."

Natürlich sitzen Ihnen in der Auswahlkommission **keine allwissenden Übermenschen** gegenüber – auch wenn diese das manchmal gerne so vorgeben. Es sind Menschen wie Sie, mit allen ihren Fehlern und Eigenheiten. Das bedeutet aber leider auch, dass die Entscheidungen dieser Auswahlgremien nicht unfehlbar sind. Sie kennen Ihr Profil und Ihre

Art, mit Menschen umzugehen. Sicherlich können Sie auch beurteilen, wo Ihre Ecken und Kanten liegen, die Mitglieder einer Auswahlkommission irritieren könnten. In Ihrer Vorbereitung auf das Auswahlgespräch können Sie sich dann entsprechend darauf einstellen, um einen positiven Eindruck zu vermitteln.

Was für eine Jobbewerbung gilt, gilt auch für die Bewerbung an einer Hochschule: **Lesen Sie die Webseite** gründlich. Lesen Sie die aktuellen Pressemitteilungen, schauen Sie Videos des Youtube-Kanals der Fakultät, arbeiten Sie die letzten Blogartikel des Fachbereichblogs durch. Je mehr Sie über die Fakultät wissen, desto überzeugender sind Sie im Gespräch.

Sollten Sie die Namen einiger Mitglieder der Auswahlkommission kennen, lohnt die **Recherche ihrer jüngsten Artikel und Beiträge**. So können Sie dann im Gespräch beiläufig auf die Erkenntnisse dieser Artikel eingehen. Natürlich verweisen Sie nicht direkt darauf, dass Sie die Artikel gelesen haben, sondern streuen ein paar Schlagwörter ein. In der Regel wird der indirekt angesprochene Professor aufmerken und eine Rückfrage stellen, die Sie durch Lektüre seines Aufsatzes in der Regel sehr leicht beantworten können. Ein Pluspunkt für Sie.

Die meisten **Akademiker sind sehr eitel**, was ihr Fachwissen und ihre Kompetenz betrifft. Im Auswahlgespräch ist eine Referenz auf einen der neuesten Artikel immer vorteilhaft. Achten Sie jedoch darauf, nicht einzelne Mitglieder der Auswahlkommission übertrieben hervorzuheben.

Mehrmals habe ich bereits die begrenzte Vorbereitungszeit der Prüfer angesprochen. Aufgrund der Zeitbeschränkung des Prüfers müssen Sie davon ausgehen, dass sie oft nur über oberflächliche Kenntnisse Ihrer Unterlagen verfügen. Erklären Sie im Zweifel alles, was Sie in der Bewerbung aufgeführt haben, noch einmal.

ℹ️ Seien Sie sich bewusst, dass es die Todsünde eines jeden Bewerbungsgespräches ist, auf den Inhalt seiner Bewerbungsunterlagen hinzuweisen („Das habe ich doch schon in meinem Motivationsschreiben geschrieben."). Das unterstellt dem Prüfer, Ihre Unterlagen nicht sorgfältig gelesen zu haben. Auch wenn diese Einschätzung zutreffen sollte und die Prüfer die Unterlagen tatsächlich nicht gelesen haben, gibt es keine einfachere Methode, ein Prüfergremium gegen sich aufzubringen. Niemand möchte auf Fehler hingewiesen werden.

5.6.3.3   Üben

Als dritten Schritt empfehle ich Ihnen das mehrmalige **Üben der Antworten**. Denn wenn Sie sich auf mögliche Fragen vorbereitet haben, sollten Ihre Antworten umso flüssiger kommen.

Ein gutes Mittel ist ein schriftliches Frage-Antwort-Konzept, das Sie beispielsweise in **Form einer Tabelle** entwerfen können. Tragen Sie in einer Spalte mögliche Fragen zu Ihrer Bewerbung ein. In einer Spalte daneben führen Sie stichpunktartig die Punkte auf, die Sie in Ihren Antworten erwähnen möchten. Die Niederschrift möglicher Fragen und Ihrer Antworten ermöglicht Ihnen auch, neue Wege der Verknüpfung verschiedener Fragestellungen zu erörtern. Ohne Verschriftlichung wäre das schwieriger.

Bei mehrsprachigen Studiengängen müssen Sie sich darauf einstellen, dass in Ihrem Bewerbungsgespräch auch Englisch oder eine andere Sprache gesprochen wird. In diesem Falle erweitern Sie einfach die Tabelle um weitere **Sprachspalten**, damit Sie auch bei fremdsprachigen Fragen nicht konsterniert schweigen.

ℹ️ Über die Hälfte Ihres Vorstellungsgespräches wird aus Standardfragen bestehen, die sich auf den ersten Blick aus Ihrem Lebenslauf ergeben. Das liegt daran, dass die Prüfer keine Zeit dafür haben, ausgefeiltere Fragen zu entwickeln. Mit vorgefertigten Antworten können Sie auf Standardfragen mühelos reagieren, gewinnen Zeit, um Ihre Antwort zu verfeinern, und vermeiden die unangenehme Stille im Gespräch. Außerdem frischen Sie in der Vorbereitung Ihr Fachwissen auf.

Eine Tabelle, in der Sie mögliche Fragen aufführen, hilft Ihnen auch, das Bewerbungsgespräch **mit Ihren Freunden und Bekannten zu üben**. Das Üben in Form eines Frage-Antwort-Spiels gibt Ihnen Sicherheit, im Ernstfall souverän reagieren zu können. Sie werden merken, dass Sie durch eine Tabelle sicherer werden, in der sie mögliche Fragen und passende Antworten vermerken. Die Punkte, die Sie verschriftlicht haben, behalten Sie besser im Kopf. Sie können sie dann im Bewerbungsgespräch besser abrufen.

Gerade mit einem akribischen Üben im Rollenspiel erlangen Sie einen **Vorteil gegenüber anderen Bewerbern**. In Auswahlgesprächen wird ausgesiebt und nur jene Studierenden werden genommen, die anderen Bewerbern gegenüber einen Vorteil haben. Wenn Sie sich nun vor Augen führen, dass alle Bewerber sich   wie Sie – fachlich gut auf das Gespräch vorbereiten, werden Sie sehen, dass es sich lohnt, auch an der Präsentation zu feilen und durch Voreinschätzung der Fragen und anschließendes Üben in der Kommunikation sicherer zu werden. Das allein wird Sie sicherer machen, von anderen Bewerbern abheben und letzten Endes zum Erfolg führen.

5.6.3.4   Am Auswahltag überzeugen

In Sachen **Dresscode** gibt es für Bewerber von nicht-wirtschaftlichen Fächern auch an renommierten Hochschulen keinerlei Vorgaben. Normale Alltagskleidung gilt als akzeptabel. Bewerberinnen sollten allerdings darauf achten, nicht zu freizügig zu erscheinen. Wer sich allerdings für einen Businessmaster oder gar für einen MBA bewirbt, sollte zu formalerer Kleidung greifen.

Beim Auswahlgespräch überzeugt man am ehesten, indem man **authentisch** bleibt. Markige Sprüche und ein angeberisches Auftreten werden nicht goutiert. Mitglieder von Bewerbungskommissionen sind gut darin, Schaumschlägerei zu erkennen. Es zählen vor allem Fachwissen, gute Argumente – und im Falle eines Falles auch das ehrliche Eingeständnis, eine Antwort nicht zu wissen.

Master nach Plan

- Keine Angst vor dem Vorstellungsgespräch: Auch Prüfer sind Menschen.
- Bereiten Sie sich auf drei Themenblöcke vor, die ungefähr gleich gewichtet sein sollten: Ihr persönliches Forschungsinteresse, Ihr Lebenslauf und Ihr Interesse an Professoren und Hochschule.
- Entwerfen Sie mögliche Fragen im Voraus und üben Sie Ihre Antworten – dadurch gewinnen Sie Sicherheit.
- Erzählen Sie in Ihren Antworten so weit es geht eine zusammenhängende Geschichte.
- Recherchieren Sie Veröffentlichungen der Kommissionsmitglieder, so Sie deren Namen vorher kennen.

5.7   Flankierende Maßnahmen

Mehr noch als bei einer Bewerbung in der Privatwirtschaft kommt es bei einer Bewerbung im akademischen Bereich auf **weiche Faktoren** an. Als Bachelorstudierende sind Sie abhängig vom Wohlwollen Ihrer Professoren und ihrer Sekretariate, von der Laune der Mitarbeiter des Prüfungsamtes und von der Tagesstimmung der Personen, die Ihre Bewerbung begutachten. Daher lernen Sie in den folgenden Abschnitten, wie Sie mit den Personen, von denen Ihr Erfolg abhängt, am geschicktesten umgehen. Ein besonderer Schwerpunkt liegt dabei auf dem Umgang mit der Verwaltung einer öffentlichen Hochschule. Weiterhin zeige ich Ihnen, wie Sie dafür sorgen können, dass Ihre Bewerbung erfolgreich ist und nicht übersehen wird: durch Kontakte und ein persönliches Netzwerk.

5.7.1   Umgang mit der Verwaltung einer öffentlichen Hochschule

Falls Sie Studierende einer öffentlichen Hochschule sind, werden Sie einige der nachfolgend beschriebenen Probleme sicherlich kennen: Als Studierende sind Sie auf die Unterstützung durch die **Verwaltung** Ihrer Hochschule angewiesen. Doch leider lässt diese manchmal zu wünschen übrig. Das liegt jedoch nicht daran, dass in der Verwaltung böse Menschen angestellt sind, die Sie persönlich nicht mögen. Es liegt vielmehr an falschen Arbeitsanreizen, die den Mitarbeitern gesetzt werden. Bei einer laufenden Bewerbung um einen Studienplatz in einem

Masterprogramm werden Sie öfter mit der Verwaltung Ihrer derzeitigen Hochschule in Kontakt treten. Es geht dabei beispielsweise um vorzeitige Notenauszüge, Bescheinigungen des Sprachenzentrums oder den Nachweis der aktuellen Semesterzahl.

Zunächst: Mitarbeiter einer öffentlichen Verwaltung werden nicht abhängig von dem Erfolg ihrer Leistungen für Sie als Studierende bezahlt. Sie erhalten einen festen Lohn, unabhängig davon, wie vielen Studierenden sie helfen können. Im Extremfall führt das zu komplizierten Öffnungszeiten oder **umständlichen Formalien**, damit nur die Studierenden an der Bürotür anklopfen, die ein ernsthaftes Problem haben. Natürlich gibt es viele hilfsbereite und wohlwollende Verwaltungsangestellte. Seien Sie froh, wenn Sie bisher vor allem mit solchen zu tun hatten. Ich zeige Ihnen, wie Sie auch mit einer Verwaltung erfolgreich umgehen, die lediglich Dienst nach Vorschrift macht.

Das Handeln der Verwaltung Ihnen gegenüber wird durch zwei Leitprinzipien bestimmt:

- Arbeit wird über eine bestimmte Ordnung genau festgelegt und zugeteilt. Diese **Verwaltungsabläufe** sollen dazu führen, dass jeder Bürger von der Verwaltung gleich behandelt wird und es keine Benachteiligungen oder Bevorzugungen gibt.
- Jedes zusätzliche Stück Arbeit, das über dieses Soll hinausgeht, bedeutet zusätzlichen Aufwand, da bestehende Strukturen umgangen oder hinterfragt werden. Es wird daher vermieden werden – Sie sind hier also mit **Arbeitsminimierung** konfrontiert.

Für Sie bedeutet das konkret: Halten Sie bei Ihrer Bewerbung sowie Ihrer Vorbereitung dringend die vorgegebenen Verwaltungsabläufe ein. Und: Helfen Sie der Verwaltung, ihren Arbeitsaufwand zu minimieren.

Die nachfolgenden Hinweise beziehen sich in erster Linie auf **Verwaltungen im deutschsprachigen Raum**. Gerade im englischsprachigen Ausland haben die Hochschulverwaltungen aufgrund des harten Wettbewerbs oft ein anderes Selbstverständnis. Sie gelten als äußerst dienstleistungsorientiert und pragmatisch. Auch in Deutschland gab es im letzten Jahrzehnt Verbesserungen   was jedoch nicht bedeutet, dass sich der Trend zu einer studierendenorientierten Verwaltung schon überall durchgesetzt hätte.

5.7.1.1 Hauptinteresse 1: Einhaltung der Verwaltungsabläufe

Verwaltungsabläufe regeln die Arbeitsweise der Verwaltungen in Hochschulen. Sie sind meist relativ inflexibel, da man verhindern möchte, dass Studierende willkürlich behandelt werden. Für Sie bedeutet das: Die Verwaltung darf nur das gegen Sie unternehmen, was in Gesetzen und den Ordnungen (z. B. Ihrer Prüfungsordnung) festgelegt ist. Das bedeutet jedoch auch, dass Sie sich an die **Verwaltungsabläufe** halten müssen, um korrekt behandelt zu werden: sowohl an Ihrer derzeitigen Hochschule als auch bei der Zielhochschule, an der Sie sich bewerben.

Bevor Sie mit der **Verwaltung Ihrer derzeitigen Hochschule** in Kontakt treten, sollten Sie prüfen, wer für Ihre Angelegenheit zuständig ist. Viele Reibereien zwischen Studierenden und Angestellten der Hochschulverwaltung entstehen, weil Studierende sich an die falschen Ansprechpartner wenden. Grundsätzlich gilt: Halten Sie sich an den normalen Dienstweg. Dieser geht in der Hierarchie der Verwaltung von unten nach oben. Mit einem kleinen Problem beim Abteilungsleiter des Prüfungsamtes aufzuschlagen ist mutig – zielführend ist es jedoch nicht.

Aber auch im Umgang mit der **Verwaltung der Zielhochschule** sollten Sie einige Regeln beachten. Da Ihre Bewerbung um einen Masterstudienplatz an einer öffentlichen Hochschule auch einem eigenen Verwaltungsablauf unterliegt, wird ihre Bewerbung nach zwei Kriterien geprüft:

- Formal: Hat der Bewerber alle Formalien eingehalten?
- Inhaltlich: Passt der Bewerber zu uns?

Wie bereits zuvor erwähnt, rate ich Ihnen dringend, sich mit den **formalen Voraussetzungen** des Bewerbungsvorgangs auseinanderzusetzen und sie peinlich genau einzuhalten (▶ Abschn. 5.1.1). Die formalen Erfordernisse der Bewerbung („englisches Motivationsschreiben auf zwei Seiten, tabellarischer Lebenslauf mit Passfoto, das lose angeheftet ist, alles in zweifacher Ausfertigung") mögen auf den ersten Blick willkürlich und als Schikane erscheinen. Dennoch lohnt es sich, diese Formalien einzuhalten.

Wenn Sie z. B. ein oder mehrere Dokumente bei der Bewerbung nicht mitschicken, sind Sie auf das Wohlwollen der Verwaltung angewiesen. Oft werden Sie sie lediglich nachreichen (▶ Abschn. 5.2.3) müssen. Manchmal kann es aber auch passieren, dass Ihre Bewerbung aufgrund eines solchen vermeidbaren formalen Fehlers nicht berücksichtigt wird.

5.7.1.2   **Hauptinteresse 2: Arbeitsminimierung**

Ein weiteres Interesse der Verwaltung ist die **Minimierung des eigenen Arbeitsaufwandes**. Auch dies können Sie in einen Vorteil für sich verwandeln: Helfen Sie den Sekretariaten, indem Sie Termine per E-Mail rückbestätigen, passende Unterlagen sofort bereithalten und sich auf das Gespräch vorbereiten.

Vielleicht werden Sie von Mitarbeitern **Ihrer derzeitigen Hochschule** hören, dass für Ihren Fall „keine Zeit" bestünde oder der Mitarbeiter „nicht zuständig" sei. Nehmen Sie diese Aussage nicht persönlich. Es liegt nicht an Ihnen, dass der Mitarbeiter keine Zeit hat, sondern an dem System, in dem er arbeitet. Helfen Sie ihm, indem Sie sich im Voraus über die Prüfungsordnung informieren oder eine Vorlage anfertigen und diese mitbringen. Wenn niemand für Ihr Anliegen Zeit zu haben vorgibt, vereinbaren Sie einen verbindlichen Termin innerhalb der gleichen Woche (Rückbestätigung per E-Mail!). Falls sich niemand zuständig fühlt, fragen Sie nach anderen zuständigen Mitarbeitern

Auch die Frage, inwiefern man dem Mitarbeiter denn helfen könne, wirkt manchmal Wunder. Es kann jedoch auch sein, dass „keine Zeit" und „nicht zuständig" Methoden sind, um Sie loszuwerden. Dann sollten Sie beim Vorgesetzten des Mitarbeiters anfragen, wer zuständig ist. Das machen Sie am besten telefonisch. Alternativ können Sie einem Hochschullehrer die Lage schildern und um seine Fürsprache bitten.

Zuletzt: Seien Sie **höflich**. Der Ton macht die Musik. Die meisten Studierenden nehmen die mangelnde Studierendenorientierung einiger Verwaltungsmitarbeiter persönlich und reagieren entsprechend wütend. Eskalation bringt jedoch nichts. Solange man Sie nicht unverschämt behandelt, sollten Sie daher höflich, aber bestimmt bleiben. Mit Höflichkeit setzen Sie sich zudem positiv von anderen Studierenden ab und erreichen so eher Ihre Ziele als mit direkter Konfrontation. Werben Sie um Verständnis für Ihre Lage – weniger dominant als höflich-verzagt.

🛈 Meistens wirkt auch die Frage, ob der Stress denn wieder groß sei, als Gesprächseinstieg Wunder: Diese Frage wird man Ihnen gleich bestätigen und wenn Sie Mitleid zeigen, haben Sie das Herz der Verwaltungsangestellten im Fluge erobert. Ein persönliches Vorsprechen bei der Verwaltung bringt mehr als eine unverbindliche E-Mail, die leicht gelöscht werden kann.

5.7.1.3 Fristgerechter Erhalt von Zeugnissen

Falls Sie sich noch während Ihres Bachelorstudiums auf ein Masterstudium bewerben, werden Sie vielleicht vor dem Problem stehen, dass der Einsendeschluss für die Bewerbungsunterlagen des Masterstudiums vor der Erlangung Ihres Bachelorgrades liegt. Sie sind daher gezwungen, ihre **vorläufigen Notenauszüge** einzureichen und zu hoffen, dass man sich daraus einen Reim auf Ihre Abschlussnote machen wird. Wichtig ist in diesem Zusammenhang, dass Sie dieses Fristenproblem der Zielhochschule klar signalisieren. Das können Sie in Ihrem Anschreiben (► Abschn. 5.2.1) machen.

Insbesondere bei Bewerbungen auf **Masterprogramme im Ausland** ist ein solches Schreiben ratsam. Denn Auswahlgremien an ausländischen Hochschulen können die oft langwierigen Vorgänge in deutschen Hochschulverwaltungen nur selten nachvollziehen – Verzögerungen werden dann Ihnen angelastet, und ein Verweis auf die langsam arbeitende Verwaltung als Ausrede abgetan. Daher ist es wichtig, dass bei Bewerbungen im Ausland Ihr Professor ein gutes Wort einlegt und bestätigt, dass das Dokument nicht auf Grund Ihres Versäumnisses fehlt.

Um Ihre vorläufigen Zeugnisse zeitgerecht zu erhalten, empfehle ich Ihnen, eine ausreichende Zwischenfrist einzuplanen und sich **rechtzeitig** um die erforderlichen Unterlagen zu kümmern. Etwa 3 Monate vor dem Einsendeschluss der Bewerbung sollten Sie beginnen, sich um die erforderlichen Unterlagen Ihrer gegenwärtigen Hochschule zu kümmern.

Hochschulverwaltungen arbeiten in der Regel **gründlich, aber langsam**. Planen Sie daher ausreichend Pufferzeiten ein. Sie sollten versuchen, alle erforderlichen Dokumente bis zu 1 Monat vor dem eigentlichen Einsendeschluss gesammelt zu haben. Ersparen Sie sich unnötigen Stress, denn es kann noch genug andere Verzögerungen geben.

5.7.2 Erfolgreiches Netzwerken zur aktiven Förderung der Bewerbung

Zu einer erfolgreichen Bewerbung gehört nicht nur eine gute Bewerbermappe. Ein entscheidender Faktor einer erfolgreichen Bewerbung ist und bleibt das erfolgreiche Einsetzen **persönlicher Kontakte**. Die Unterstützung Ihrer Bewerbung durch persönliche Kontakte ist nichts Schlimmes oder gar Anrüchiges: Denken Sie daran, dass Ihre Bewerbung angesichts hoher Konkurrenz sonst möglicherweise nicht beachtet werden könnte. Daher ist es wichtig, dafür zu sorgen, dass die richtigen Personen wissen, dass Sie gut sind und sich beworben haben.

Vergegenwärtigen Sie sich die Situation eines Auswahlkomitees, das an einem Nachmittag über das Schicksal von 90 Bewerbern aus 15 verschiedenen Ländern mit 7 unterschiedlichen Notensystemen entscheiden muss. Die Auswählenden in den Universitätsgremien haben häufig nur **wenige Minuten pro Bewerbung**. Sie verlieren so schnell den Überblick. Sie wissen, dass sie nicht viel wissen – möchten gleichzeitig aber Fehlentscheidungen vermeiden. Umso dankbarer werden sie sein, über eine persönliche Empfehlung auf geeignete Studierende hingewiesen zu werden. Das spart Zeit, gibt ihnen Sicherheit und nimmt ihnen in gewisser Weise auch die Verantwortung bei einer Fehlentscheidung.

Das glauben Sie nicht? Denken Sie an sich selbst: Wie gehen Sie vor, wenn Sie einen brauchbaren Zahnarzt suchen oder abends in ein gutes Restaurant gehen möchten? Die meisten von Ihnen werden sich am ehesten auf die **Ratschläge guter Freunde** verlassen. Sie sollten sicherstellen, dass Sie es sind, der anderen Personen empfohlen wird – das gilt übrigens nicht nur für das anstehende Masterstudium. Wichtig ist jedoch, dass die richtigen Leute Sie empfehlen. Wie das geht, zeige ich Ihnen im nächsten Abschnitt.

5.7.2.1 Zielgruppen erkennen und kontaktieren

Bewerber für ein Masterprogramm werden in der Regel nicht durch einen bestimmten Hochschullehrer ausgewählt. Vielmehr sind es **Auswahlkommissionen**, die von Universitätsmitarbeitern und Professoren gebildet werden (▶ Abschn. 5.6.1). Diese sichten die Bewerbungen und entscheiden über eine Aufnahme des Bewerbers. Meistens werden diese Gremien durch die Universitätsverwaltung unterstützt: Die Verwaltung führt eine grobe Vorauswahl durch und sortiert die Bewerbungen aus, die den formalen Anforderungen (▶ Abschn. 5.1.1) nicht genügen. Das sind meistens unvollständige Bewerbungen oder Bewerbungen die unlesbar oder schlecht gestaltet sind. Die Kommission prüft dann, ob der Kandidat den Kriterien auch fachlich-inhaltlich (▶ Abschn. 5.1.2) entspricht.

Zunächst gebe ich Ihnen jedoch noch einen Überblick über Universitäts- und Lehrstuhlstrukturen und zeige Ihnen anschließend, wie Sie den richtigen Ansprechpartner finden.

■ ■ **Universitäts- und Lehrstuhlstrukturen**

Die wichtigste Einflussgröße innerhalb einer deutschen Hochschule ist nicht der Präsident oder der Kanzler – es ist der Professor. Im internationalen Vergleich haben deutsche Professoren oft einen sehr großen Einfluss auf die Politik der Hochschule. Doch es gibt auch andere wichtige Instanzen. Ich gebe Ihnen hier eine Kurzbeschreibung des Aufbaus einer deutschen Hochschule.

An der Spitze der Hochschule steht normalerweise der Rektor, auch Präsident genannt. An der Spitze der **Verwaltung** der Hochschule, die nicht wissenschaftlich arbeitet, sondern für die administrativen Abläufe verantwortlich zeichnet, steht der Kanzler. Es handelt sich in der Regel um einen Verwaltungsfachmann und nicht um einen Professor. Verwaltung und Wissenschaft werden gemeinsam im **Senat** vertreten. Das ist das oberste und damit wichtigste Entscheidungsgremium, in dem Professoren, wissenschaftliche und nichtwissenschaftliche Mitarbeiter sowie meist auch Studierende ihren Sitz haben. Dominiert wird dieses Gremium zahlenmäßig von Professoren.

Die Hochschule untergliedert sich in **Fakultäten** (oder Fachbereiche), denen jeweils ein **Dekan** vorsteht. Dieser Posten wechselt in den meisten Fällen turnusmäßig. Das wichtigste Entscheidungsgremium ist auf Fakultätsebene der Fakultätsrat. Die Masterstudierenden werden meistens von einem Unterausschuss des Fakultätsrates ausgewählt. Dieser ist mit Professoren und wissenschaftlichen Mitarbeitern besetzt, in manchen Fällen auch mit einem Vertreter der Studierendenschaft. Die Mitglieder des Auswahlausschusses können Sie der Internetseite des Dekanats der Fakultät entnehmen. Sind die Mitglieder des Ausschusses nicht gelistet, genügt eine formlose Anfrage an das Dekanat – im Falle einer öffentlichen Hochschule besteht eine Auskunftspflicht.

Lehrstühle haben immer den Professor als zentrale Leitfigur. Die **wissenschaftlichen Mitarbeiter** sind in einem hohen Maß vom Lehrstuhlinhaber abhängig, da sie meist entweder an ihrer Doktorarbeit oder an ihrer Habilitation arbeiten. Auch wenn Professoren sich oft von ihren Mitarbeiterin in Gremien vertreten lassen, gilt daher: Die Hauptentscheidungsmacht im Senat, in den Fakultätsräten und anderen Gremien liegt daher – wie eingangs erwähnt – bei den Professoren.

■ ■ **Den richtigen Ansprechpartner finden**

Welche Frage Sie auch immer haben – es ist wichtig, dass Sie die **richtige Person** finden, die sie Ihnen beantworten kann. Dabei gibt es mitunter mehrere richtige Personen, die Ihnen aus ihren Perspektiven verschiedene Antworten geben. Denn ein Studierender kann einen völlig anderen Blickwinkel haben als ein Mitarbeiter der Fakultät. Deshalb rate ich Ihnen im gesamten Buch, sich umfassend bei möglichst vielen verschiedenen Stellen über die Faktoren zu informieren, die für Ihre Bewerbung ausschlaggebend sind.

Jede Suche beginnt zunächst **im Internet**. Versichern Sie sich, dass Ihre Fragen nicht bereits ausreichend auf den Webseiten der Hochschule beantwortet werden. In den meisten Fällen hilft ein Anruf oder eine E-Mail ans Dekanat einer Fakultät. Insbesondere technische Fragen, also Fragen zu Bewerbungsformalien und -fristen, werden die Mitarbeiter hier schnell klären können. Auch bei Fragen zu wissenschaftlichen Schwerpunkten Ihres Studiums wird man Ihnen meist gerne weiterhelfen.

Der **Umgang mit Ihren Fragen** ist dabei ein wichtiges Qualitätszeichen einer Hochschule. Wenn man Ihnen freundlich und kompetent hilft, spricht dies für die Institution, abwimmelnde und unfreundliche Antworten zeugen hingegen von einer schlechten Kultur. Wichtig sind ebenfalls Studierendenvertreter (▶ Abschn. 4.2.3). Wie bereits beschrieben, können diese Ihnen oftmals hilfreiche Tipps geben. Fragen Sie bei mehreren Studierenden nach, um eventuelle Falschantworten aufzudecken.

Im Laufe Ihrer Bewerbung werden Sie vermutlich mehrmals Kontakt mit der Zielhochschule aufnehmen. Nicht immer werden Sie mit demselben Ansprechpartner sprechen und nicht immer wird sich dieser Ansprechpartner auch an das erinnern, was er vor einigen Wochen mit Ihnen besprochen hat. Ich rate Ihnen daher, nach jedem Telefonat kurz schriftlich zusammenzufassen, was besprochen wurde – vergessen Sie dabei nicht, den Namen des Ansprechpartners zu notieren. Auch sollten Sie E-Mails mit wichtigen Informationen ausdrucken und in einem Ordner sammeln.

▪▪ Ihre Kontakte nutzen

Es gibt zwei grundsätzliche Möglichkeiten, Kontakte zu nutzen. Im ersten und komplizierteren Fall müssen Sie sich Ihr Netzwerk an der Zielhochschule erst noch schaffen. Auch dies ist möglich. Im zweiten und besseren Fall wenden Sie sich an Ihre bestehenden Kontakte. Dies werden in erster Linie Ihre Professoren und Dozenten sein.

Um erfolgreich persönliche Kontakte einsetzen zu können, müssen Sie in jedem Fall zunächst herausfinden, wer für die Auswahl der Studierenden in Ihrem gewünschten Masterprogramm **verantwortlich** ist. Am Anfang steht die Suche nach den Verantwortlichen im Auswahlgremium. Gehen Sie dabei ähnlich vor wie bereits vorher beschrieben:

▬ Erkundigen Sie sich bei **gegenwärtigen Studierenden** oder der Fachschaft des gewünschten Masterprogramms, welcher Professor Mitglied der Auswahlkommission für zukünftige Studierende ist. An den meisten Fakultäten ist das ein offenes Geheimnis. In den Auswahlausschüssen für Bewerber für die Masterstudiengänge sitzen zumeist auch mehrere wissenschaftliche Mitarbeiter. Zum einen, weil sie näher an den Studierenden sind und ihr Rat gebraucht wird. Zum anderen, weil sie ihren Chef in dem Gremium vertreten müssen, da er weder Zeit noch Lust hat, sich mit Bewerbermappen auseinanderzusetzen.

▪ Auch werden zur Auswahl der Studierenden nicht eigene Kommissionen gegründet, sondern die Auswahlarbeit wird **an bestehende Gremien übertragen**. Im Regelfall handelt es sich um den Prüfungsausschuss oder den Fakultätsrat.

Falls Sie erreichen möchten, dass Ihre Bewerbung durch Personen an der Zielhochschule aktiv unterstützt wird, sollten für Sie zwei Personen interessant sein: der **Dekan** der Fakultät sowie die Leitung des Prüfungsausschusses. Diese Personen haben anderen Professoren gegenüber eine herausgehobene Position. Wenn Ihre Bewerbung eine sichere Unterstützung erfahren soll, ist es wichtig, diese beiden Personen auf Ihre Seite zu ziehen und von sich zu überzeugen.

Der Grund dafür ist schnell erklärt: Innerhalb einer Fakultät stehen Professoren in einem **Langzeitverhältnis** zueinander. Jene Professoren, die zusätzlich zu ihrer Lehrstuhltätigkeit noch ein Amt innehaben, verfügen über mehr Macht. So kann der Dekan beispielsweise einzelnen Lehrstühlen mehr Mitarbeiter und Mittel zuweisen. Ähnlich verhält es sich mit dem Vorsitzenden des Auswahlausschusses im Hinblick auf die Zuteilung von Studienplätzen.

Durch ihre herausgehobene Stellung an der Spitze wichtiger Gremien haben diese Personen sehr **viel Einfluss**. Keiner der anderen Professoren möchte sich in einem Gremium mit dem Ausschussvorsitzenden anlegen – und zwar aus zwei Gründen:

1. Der Vorsitzende des Ausschusses ist auch in anderen Gremien (z. B. Prüfungsausschuss oder Fakultätsrat) aktiv und könnte sich im Falle eines Angriffes in einem anderen Gremium revanchieren.
2. Alle Mitglieder eines Gremiums wissen von dieser herausgehobenen Stellung des Vorsitzenden und werden sich bei Meinungsverschiedenheiten in der Regel an der Meinung des Vorsitzenden orientieren, um Nachteile für sich zu verhindern.

Diese Dynamik kann man in zahlreichen Gremien beobachten. Trotz demokratischer Strukturen hat der Vorsitzende eine sehr **hohe faktische Entscheidungsmacht**. Für Sie bedeutet das, dass Sie entweder den Dekan der Fakultät (hat mehr Macht als der Vorsitzende des Prüfungsausschusses) oder den Vorsitzenden des Prüfungsausschusses im Vorfeld von Ihrer Bewerbung überzeugen müssen. Haben Sie einen oder beide Personen auf Ihrer Seite, hat Ihre Bewerbung hohe Aussichten auf Erfolg.

An dieser Stelle werden sich zahlreiche Leser fragen, ob gezieltes Lobbying für die eigene Bewerbung moralisch in Ordnung ist. Dazu möchte ich Ihnen gerne meine Erfahrungen mitteilen. Als Mitglied in universitären Ausschüssen weiß ich, dass Auswahlprozesse an Hochschulen nicht immer linear und logisch ablaufen: In

Berufungskommissionen für neue Professuren werden nicht zwangsläufig die besten Bewerber ausgewählt, da die Mitglieder der Fakultät
Angst vor Konkurrenz im eigenen Haus haben. Wissenschaftliche Mit-
arbeiterstellen werden oft erst dann öffentlich ausgeschrieben, wenn
der gewünschte Bewerber schon feststeht und man die Anforderungen
auf den Wunschkandidaten zuschneiden kann. Halten Sie sich daher
bitte vor Augen, dass es Ihrer Bewerbung auf einen Studienplatz nicht
schaden kann, wenn Ihr Profil einflussreichen Professoren bekannt ist.

> 🛈 Wissenschaftliche Mitarbeiter haben in den Gremien nur
> begrenzte Entscheidungsmacht. Wohl aber können sie Ihnen
> wertvolle Hinweise geben, wie Ihre Bewerbung ausgestaltet
> werden sollte, um die wichtigen Entscheidungsträger des
> Ausschusses zu erreichen. Für die aktive Förderung Ihrer
> Bewerbung sollten Sie jedoch Professoren gewinnen.

Am Ende Ihrer Recherche sollten Sie eine Liste mit mindestens zwei
Hochschullehrern zusammengestellt haben, die bei Ihrem gewünschten Masterprogramm für die Auswahl der Studierenden zuständig sind.
Nun entscheiden Sie, ob Sie die Mitglieder des Auswahlausschusses
direkt oder indirekt ansprechen wollen.

5.7.3   Strategien für Erstkontakt und Ansprache

Für die Ansprache wichtiger Entscheidungsträger gibt es verschiedene Möglichkeiten. Vielleicht haben Sie schon oft gedacht, dass sich
die direkte Ansprache gar nicht lohne – schließlich machen das doch
alle. Bedenken Sie jedoch, dass fast alle Studierenden genauso denken
und wichtige Entscheidungsträger daher fast nie von Studierendenseite angesprochen werden: Professoren und höhere Verwaltungsmitarbeiter, die nicht gezielt den Kontakt mit Studierenden suchen, haben
daher oft überhaupt keinen Kontakt zu Studierenden, sind jedoch in
der Regel **an einem inhaltlichen Austausch** interessiert. Der Versuch
lohnt sich – mehr als nein sagen können die Entscheidungsträger nicht.
Für eine erfolgreiche Ansprache müssen Sie allerdings ein paar Regeln
beachten. Diese stellen ich Ihnen jetzt vor.

Falsch wäre, wahllos E-Mails an Professoren zu schicken und zu
fragen, ob sie die Bewerber auswählen würden. Hochschullehrer leider
meistens unter Zeitdruck und werden nicht gerne bei ihrer Arbeit
gestört. Vor allen Dingen nicht, wenn Bachelorstudierende platt und
offen fragen, ob sie unterstützt werden könnten.

Es gibt zwei verschiedene Möglichkeiten, seinen Namen bei der
entsprechenden Personen zu hinterlassen:

- die direkte Ansprache sowie
- die indirekte Einflussnahme, indem Sie einen gemeinsamen
  Bekannten der entsprechenden Person eine kurze Empfehlung
  aussprechen lassen.

Beide Wege sind praktikabel, erfordern jedoch ein **Höchstmaß an Fingerspitzengefühl**. Wichtig ist, dass die Chemie zwischen Ihnen und den angesprochenen Hochschullehrern stimmt, also dass Sie sich gut verstehen. Mit einigen Hochschulprofessoren wird das besser funktionieren als mit anderen. Das hängt aber von Ihnen ab. Wichtig dabei ist, dass Sie nicht versuchen, etwas zu erzwingen. Denn Übereifer könnte Ihnen auch negativ als Anbiederei ausgelegt werden.

Sie werden merken, dass es bei den ersten Versuchen, persönliche Kontakte für sich zu gewinnen, zu Problemen kommen kann, die an mangelnder Erfahrung liegen. Das ist so lange nicht schlimm, wie Sie sich davon nicht entmutigen lassen: Für Entscheidungsträger sind Sie als Studierende in der Regel nicht wichtig und werden daher bei einer Ablehnung sofort wieder vergessen. Das eigentliche Ziel der direkten Ansprache ist jedoch nicht nur Ihr persönlicher Erfolg, sondern vielmehr, dass Sie für Ihr Leben lernen. **Erfolgreiches Netzwerken** wird in Ihrem späteren Berufsleben ein zentraler Erfolgsfaktor sein. Es kann nicht früh genug erlernt und geübt werden.

Die **direkte Ansprache** funktioniert folgendermaßen: Sie informieren sich im Voraus über das Fachgebiet der betreffenden Person und bringen Ihren Wissensstand auf ein Niveau, sodass Sie ein einfaches fachliches Gespräch führen können. Im nächsten Schritt kontaktieren Sie die entsprechende Person per E-Mail und bitten um ein persönliches Gespräch. Dieses vereinbaren Sie idealerweise für den Zeitraum Ihres Besuches der Zielhochschule (▶ Abschn. 4.2.3). Ein besonders guter Aufhänger für dieses Gespräch wäre auch eine eigene wissenschaftliche Arbeit im Fachgebiet. Im Gespräch verbinden Sie fachliche Fragen zu seinem Forschungsinteresse mit Ihrem klaren Interesse an dem Masterstudiengang. Letzteres müssen Sie ihm klar kommunizieren. Sobald Sie Ihre Bewerbung einige Wochen später abgeschickt haben, melden Sie sich erneut bei Ihrem Gesprächspartner per E-Mail und setzen ihn von Ihrer Bewerbung in Kenntnis. Ziel der Übung ist, dass er sich Ihren Namen merkt und bei der Besprechung Ihrer Akte im Ausschuss aufmerkt und sagt: „Die Bewerberin kenne ich, die ist ganz helle, der sollten wir eine Chance geben." Allerdings kann diese Strategie auch scheitern, wenn Sie in dem Gespräch keinen guten Eindruck machen.

Wenn Sie frühzeitig planen, finden Sie bereits bei Ihrem ersten Informationsbesuch an der Zielhochschule heraus, welcher Professor Mitglied im Auswahlausschuss ist.

Denken Sie daran, dass Sie den Professor, der im Bewerbungsprozess ein gutes Wort für Sie einlegen soll, niemals persönlich darum bitten sollten. Sonst fühlt er sich bedrängt. Erwähnen Sie im Gespräch niemals, dass Sie von der Mitgliedschaft des Professors im Auswahlausschuss wissen.

In Ihrem **Gespräch geht es um Sachthemen** und um den guten Eindruck, den Sie hinterlassen. Offiziell wissen Sie nichts von der Tätigkeit Ihres Gesprächspartners. Gleichzeitig sollten Sie eine direkte Bitte um

Unterstützung dringend vermeiden. Folgen Sie vielmehr dem Prinzip „Führen durch Fragen" und erkundigen Sie sich beispielsweise nach den Erfolgsaussichten Ihres Bewerberprofils. Das bleibt der verantwortlichen Person positiv im Gedächtnis.

Die **indirekte Einflussnahme** ist diskreter und sicherer für Sie, jedoch auch weitaus komplizierter und arbeitsaufwändiger. Im Grunde gehen Sie genauso vor, wie ich es bereits vorher (► Abschn. 4.2.3) erklärt habe: Gleichen Sie die Lebensläufe der Professoren mit Hochschullehrern Ihrer Fakultät ab. Prüfen Sie, welche Professoren bereits gemeinsam publiziert haben oder sich über gemeinsame frühere Forschungsaufenthalte oder Mitgliedschaften in Fachgremien kennen.

Anschließend bitten Sie einen **Hochschullehrer an Ihrer Hochschule** in einem persönlichen Gespräch, ob er für Ihre Bewerbung beim Masterprogramm der anderen Hochschule ein akademisches Gutachten anfertigen könnte. Dabei fragen Sie ihn offen, ob er den Gegenpart an der Zielhochschule kenne und über Ihre Bewerbung in Kenntnis setzen könne. In vielen Fällen wird der Professor das bejahen und beispielsweise Ihrer Bitte entsprechen, seinem Kollegen das Gutachten in Kopie zu übersenden.

Falls Sie merken, dass der Professor Ihrer Hochschule gewillt ist, Ihre Bewerbung aktiv zu unterstützen, können Sie ihn auch direkt fragen, ob er Ihre **Bewerbungsunterlagen direkt weiterleiten** könnte. Im Auswahlverfahren der Zielhochschule wird eine weitergeleitete Bewerbung aus dem Professorengremium wohlwollend beurteilt werden – vorausgesetzt, sie entspricht den formalen und inhaltlichen Anforderungen.

Master nach Plan

- Die Verwaltung einer Hochschule hat zwei Hauptinteressen: Arbeitsminimierung und Einhaltung der Verwaltungsabläufe. Stellen Sie sich darauf ein.
- Kümmern Sie sich früh um wichtige Dokumente und seien Sie Verwaltungsangestellten gegenüber höflich und verständnisvoll – das hilft Ihnen.
- Persönliche Kontakte können Ihnen sehr helfen – mit der richtigen Methode können Sie Kontakte für sich gewinnen.
- Sprechen Sie Professoren ruhig direkt an, gehen Sie aber mit Fingerspitzengefühl vor.

5.8   Fazit

In diesem Kapitel haben ich Ihnen entscheidende Hinweise für Ihre Bewerbung gegeben: Zunächst haben Sie gelernt, wie Sie den Bewerbungsprozess analysieren können (► Abschn. 5.1), um Ihre eigenen Vorteile gewinnbringend einzubringen. Anschließend habe ich Ihnen gezeigt, wie eine überzeugende Bewerbermappe aussehen sollte (► Abschn. 5.2), wie Sie ein gutes Motivationsschreiben (► Abschn. 5.3) und einen Lebenslauf (► Abschn. 5.4) anfertigen – und wie Sie im persönlichen Auswahlgespräch (► Abschn. 5.6) punkten können. Besonders wichtig sind weiterhin die flankierenden Maßnahmen (► Abschn. 5.7): Der richtige Umgang mit der Verwaltung Ihrer gegenwärtigen Hochschule und der Zielhochschule ist für eine erfolgreiche Bewerbung wichtig.

Sicherlich werden Sie mit der Anfertigung Ihrer Bewerbungsmappe gut ausgelastet sein: Eine überzeugende Bewerbung benötigt mehr als nur ein paar Stunden Arbeit. Denken Sie daran, sich gegenseitig zu helfen. Lassen Sie Ihre Motivationsschreiben und Lebensläufe von Ihren Freunden und Kommilitonen gegenlesen. **Arbeiten Sie zusammen**. Falls Sie ein interessantes Masterprogamm ausgespäht haben, hilft Ihnen eine Informationsblockade gegenüber anderen Kommilitonen wenig: Was bringt es Ihnen persönlich, wenn Ihr Kommilitone nichts von dem Programm erfährt? Nur die Möglichkeit, dass es vielleicht einen Bewerber weniger gibt. Der Gewinn, der Ihnen jedoch durch konstruktive Zusammenarbeit erwächst, ist für Sie um ein Vielfaches höher.

Schlusswort

© Springer-Verlag Berlin Heidelberg 2017
S. Horndasch, *Master nach Plan*,
DOI 10.1007/978-3-662-50309-6_6

Nun haben Sie es geschafft. Sie sind am **Ende dieses Buches** angelangt – oder Sie haben einfach zum Ende geblättert. Wie dem auch sei: Natürlich kann sich niemand die ganze Fülle an Fakten merken, die ich Ihnen vermittelt habe. Aber das müssen Sie auch nicht. Viel wichtiger ist es, dass Sie das Buch in dem jeweiligen Abschnitt Ihrer Bewerbung um einen Studienplatz zurate ziehen und die gewünschte Information schnell finden. Der Schlagwortindex im ▶ Anhang und die Schnellfinder im Text, das Fortschrittsdiagramm in ▶ Kap. 1 und die Zusammenfassungen am Ende jedes Abschnitts werden Ihnen dabei geholfen haben.

Sicherlich konnte dieses Buch nicht alle Ihrer Fragen beantworten. Daher möchte ich Sie noch einmal ermuntern, **mit Ihren Kommilitonen zusammenzuarbeiten** und sich über Ihre Bewerbungen bei Masterprogrammen auszutauschen. Zusammenarbeit und Erfahrungsaustausch bringen Ihnen mehr als die Recherche und Anfertigung einer Bewerbung als Einzelkämpfer. Bilden Sie Gruppen, verbessern Sie Ihre Bewerbungen gegenseitig und beherzigen Sie die Ratschläge Ihrer Freunde und Bekannten: Oft fällt guten Freunden noch etwas auf, das Sie in Ihrer Bewerbung übersehen haben.

Sicherlich ist die Zeit, in der Sie sich auf Masterstudiengänge bewerben, **anstrengend** und von einer gewissen Unsicherheit geprägt. Oft werden Sie sich fragen, ob Ihre Bewerbung erfolgreich sein wird und ob Sie alles richtig gemacht haben. Auch ich habe nächtelang über Motivationsschreiben und Lebensläufen gebrütet und mich mehr als einmal nach dem Sinn des ganzen Bewerbungsaufwandes gefragt. Natürlich ist diese Bewerbungszeit hart – doch sie ist gleichzeitig eine gute Vorbereitung auf spätere Herausforderungen, vor die Sie Ihr Leben noch stellen wird.

Ihr Leben wird sich durch Ihr Studium auf Masterniveau enorm verändern. Das Studium wird anspruchsvoller werden. Und auch der Ortswechsel, den Sie vielleicht vollführen werden, wird in Ihrem Leben einiges bewegen. Sie können das durchaus mit dem Beginn Ihres Studiums vor einigen Jahren vergleichen. Ich möchte Sie ermutigen, diese Herausforderung anzunehmen und so auch den letzten Abschnitt Ihres Studiums zu genießen. Sie haben eine **wahnsinnig spannende und prägende Zeit** vor sich.

Am Anfang dieses Buches habe ich Ihnen **zwei persönliche Ratschläge** auf den Weg gegeben. Weil sie mir wichtig erscheinen, möchte ich sie auf der letzten Seite dieses Ratgebers noch einmal wiederholen

1. Studieren Sie das, was Ihnen liegt und Freude bereitet.

Im Verlauf Ihrer Bewerbung um Masterstudiengänge werden Sie vor vielen Wegbegleitern wertvolle Hinweise bekommen. Die Konsequenzen Ihrer Entscheidung trägt jedoch nur einer und das sind Sie. Sie wissen, was Sie können und sollten Ihr Studium hauptsächlich nach Ihren Qualifikationen und Ihren Interessen, nicht jedoch nach kurzfristigen Trends des Arbeitsmarktes wählen. Nur so können Sie in Ihrem Studium überzeugen und Höchstleistungen bringen.

2. Kümmern Sie sich früh genug um ein passendes Programm.

Nach Ihrem Bachelorabschluss werden Sie eine Entscheidung über Ihren weiteren Lebensweg treffen müssen. Das ist sicherlich nicht einfach – doch je früher und je pragmatischer Sie Ihre Entscheidung angehen, desto mehr können Sie sie steuern. Lassen Sie sich von dieser vorübergehenden Situation der Unsicherheit nicht entmutigen: Sie ist eine Chance, Ihr Leben aktiv zu gestalten und das Beste aus Ihren Fähigkeiten zu machen. Handeln Sie, bevor andere für Sie handeln.

Ich schlage daher vor, dass Sie sich möglichst bald nach einem passenden Masterprogramm umschauen sollten. Am besten **noch heute**. Die Welt steht Ihnen offen und Ihre Chancen sind groß! Also, wann fangen Sie an?

Serviceteil

Stichwortverzeichnis 140

© Springer-Verlag Berlin Heidelberg 2017
S. Horndasch, *Master nach Plan*,
DOI 10.1007/978-3-662-50309-6

Stichwortverzeichnis

A

Abiturzeugnis 86
Abschlussarten 12
Akkreditierung 18
Alumni 67
Anschreiben 84
Ausland 22
Australien 33
Auswahlgespräch 114

B

Bachelor 11
Bakkalaureus 11
Berufliche Chancen 72
Berufsberater 46
Besuch an der Zielhochschule 52
Bewerbermappe 83
Bewerberzahl 70
Bewerbung, geräuschlose 77
Bewerbungsprozess
– formale Kriterien 79
– Fristen und Formalien 79
– inhaltliche Kriterien 79
Bibliothek 71
Binationale Studiengänge 23
Bologna-Prozess 8

C

CHE-Hochschulranking 58
China 34

D

DALF 87
DELE 87
DELF 87
Diploma Supplements 9

E

ECTS-Leistungspunktesystem 9
Einzelfallprüfung 35
Erasmus 23
Erfolgsquote 70
Europäischer Hochschulraum 9
Exzellenzinitiative 59

F

Fachhochschule 55
Fakultäten 127
Formalien 79
Frankreich 25
Freiwilligenarbeit 41
Fristen 79, 125

G

GMAT 87
GRE 87
Großbritannien 24
Gutachten 108

H

Hochschulinformationstage 53
Hochschullehrergutachten 108
Hochschulmessen 50
Hochschulrankings 58
Hochschulverwaltung 122

I

IELTS 87
Informationsasymmetrie 61

K

Kanada 32

L

Lebenslauf 101

M

Magister 11
Master 11
Master of Arts 13
Master of Business Administration 41
Master of Engineering 13
Master of Fine Arts 13
Master of Laws 13
Master of Music 13

Master of Science 13
Masterprogramm
– Aufbau und Struktur 17
Masterstudiengänge, weiterbildende 14
MBA 41
Mindmap 43
Motivationsschreiben 89

N

Nachrückerdynamik 76
Netzwerken 126
– Professoren 130
Niederlande 27

O

Österreich 29

P

Phrasen 68
Privathochschulen 56
Professor 127
Professorengutachten 108
Promotionsrecht 35
Prüfungsordnungen 63

R

Ranking
– Exzellenzinitiative 59
– Times World University Ranking 59
Recherche
– an der Zielhochschule 52
– bei Professoren 52
– durch persönliche Kontakte 51
Recherchemöglichkeiten 49
Renommee 55

S

Schweden 29
Schweiz 28
Selbstreflexion 42
Senat 127
Sprachkenntnisse 66
Sprachkurse 40

T

Times World University Ranking 59
TOEFL 87

U

Universität 55
Universitäts- und
   Lehrstuhlstrukturen 127
USA 30

V

Verwaltung 127
– Arbeitsminimierung 124
– Einhaltung der
   Verwaltungsabläufe 123

W

Werbephrasen 68

Z

Zahlungsmodalitäten 70

Printed in the United States
By Bookmasters